FIASCO

Image de couverture : © Romain Durand
Conception de la couverture : Romain Durand
www.behance.net/rhomanstudio

Conception graphique : Laëtitia Kalafat
Ouvrage dirigé par Lea Mariani

Département de Hugo Publishing
34-36, rue La Pérouse
75116 Paris
www.hugoetcie.fr

ISBN : 9782755689631
Dépôt légal : février 2022
Imprimé en France par SEPEC : 23137210101

PEFC™ 10-31-1470 / Certifié PEFC / Ce produit est issu de forêts gérées durablement et de sources contrôlées. / pefc-france.org

PAULINE GRISONI

FIASCO

[fjasko] n.m.
L'art de rebondir après l'échec

SOMMAIRE

LA LEÇON

LE PODCAST SUR L'ART D'ECHOUER

INTRODUCTION

Bienvenue dans *Fiasco*, le livre tiré du podcast « La Leçon ».

Je découvre ce format audio tout particulier alors que je suis encore cheffe de rubrique au sein d'une rédaction. C'est une révélation.

Ce format long qui donne la parole à ses invités sur leur vie, leurs observations mais aussi leurs questionnements intimes me semble bourré de potentiel. Après quelques mois de réflexion, je prends mon courage à deux mains et décide de créer le mien, le 28 janvier 2018, avec une boule au ventre si grosse qu'elle est probablement visible depuis l'espace.

Dans « La Leçon », les invités prennent la parole à propos d'un échec et de la *leçon de vie* qu'ils en ont tirée. Au début, trouver des personnalités qui acceptent mon invitation (acteur·ice·s, grand·e·s chef·fe·s, entrepreneur·euse·s à succès et autres musicien·ne·s de talent) relève du parcours du combattant, option crossfit. Le podcast est encore un média tout jeune, je suis inconnue au bataillon et puis, entre vous et moi, je suis forcée de reconnaître que je vise haut, dès le départ – à ce propos, j'attends toujours une réponse de Marion Cotillard sur Instagram. Et puis, à force de ténacité et de persévérance… petit à petit les langues se délient, me font confiance.

Aujourd'hui, avec plus de cent épisodes, « La Leçon » compte un panel d'invités passionnants de tous horizons : Hélène Darroze,

Emmanuelle Devos, Justine Hutteau, Bérengère Krief, Fabien Olicard, Manu Payet ou encore Alain Prost... et désormais des sessions en live sur scène. Pour pousser la réflexion plus loin, déculpabiliser si besoin, et puis surtout, trouver du réconfort en mettant en perspective ses propres échecs. Vous le verrez, s'il y a bien quelque chose d'universel... c'est la sensation vertigineuse de se prendre un mur ! Pourtant, bonne nouvelle. Sport, travail, amour ou santé, nos échecs ont toujours quelque chose d'intéressant à nous apporter. La preuve en 224 pages.

SPORT

[spɔʁ] n.m.

Ne pas y arriver, rester concentré, gagner ou perdre puis recommencer.

Dans la famille des « pensées limitantes », je demande... le sport. Vers l'âge de huit ans, puisque je n'aime ni l'escalade, ni le running, mon père déclare officiellement et, surtout, solennellement que je ne suis pas sportive. Inconsciemment, je commence à lui donner raison. Puisque je n'ai pas un corps visiblement fait pour, à quoi bon chercher à faire des efforts ? Au mieux, c'est une corvée, au pire, une nuit d'angoisse la veille d'une journée « cross ». Plus le temps passe, plus mon jeune corps me le confirme : j'ai la cuisse molle et le cœur qui s'essouffle en courant pour rattraper le bus.

Et puis un jour, je décide en conscience de « devenir sportive ». D'affronter ces pensées qui me murmurent que je ne suis pas capable, pas assez ceci, trop cela. Parce qu'après tout, le sport, qu'importe celui que l'on décide de pratiquer (sauf peut-être le curling, auquel cas je me désolidarise) est là pour nous rappeler que seul compte l'instant présent. Que nous ne sommes pas définis par nos pensées. *Que nous nous voulons du bien.*

Et puis aussi, et c'est non négligeable, celui-ci nous montre que nous sommes bien plus résistants à l'effort, à la difficulté, aux obstacles et bien plus tenaces aussi que nous le pensons. L'activité physique comme vecteur de confiance en soi... Pour nous sentir vivant, aussi. Et si échouer nous autorisait à vivre pour nous ?

On redoute tellement l'échec qu'on fait tout, absolument tout pour l'éviter. Jusqu'à refuser d'avancer pour ne pas croiser son chemin. On reste dans notre appartement exigu tout en convoitant une vie à la campagne qu'on fantasme. On invoque mille et une idées reçues pour ne pas avoir à candidater à un job dans lequel on s'épanouirait bien plus. La liste continue à l'infini pour peu qu'on s'interdise de transformer nos rêves en objectifs.

Ça en étonne souvent plus d'un, avec mon petit gabarit et mon caractère doux, mais j'adore tous les sports de combat. Plus c'est violent, plein de sueur et de sang, plus ça me plaît. Je me souviens d'avoir entraîné ma copine Lucie au gymnase Max-Rousié pour aller voir un combat de boxe thaï. Premier round : l'un des deux combattants se fracture salement la jambe sous nos yeux. *Il a le tibia en forme d'origami.*

« Plus il y a d'action, plus j'aime », dit simplement Lucie. On a les amies qu'on mérite.

RONDA ROUSEY
Une ode à la vulnérabilité

Je découvre à peu près à la même époque la championne Ronda Rousey lorsqu'elle est encore pratiquante d'arts martiaux mixtes (MMA). Elle est alors régulièrement nommée « pratiquante de MMA femme de l'année », et a une carrière dans le sport à en faire pâlir plus d'un. Je la considère tout de suite comme un modèle. Elle semble libre d'être qui elle veut en s'imposant comme l'une des figures de proue d'un milieu pourtant ultra-testostéroné. La sportive a l'air de n'avoir peur de rien ni de personne, son aura de guerrière invaincue fait le reste. Ronda l'imbattable, Ronda la gagnante. Ronda Ronda Ronda.

14 novembre 2015, la championne perd face à Holly Holm, provoquant une immense surprise. Défaite par KO... personne ne l'avait vu venir : la rencontre déjoue tous les pronostics. En quittant le ring ce jour-là, la championne déchue va s'en éloigner quelque temps, absorbée par une violente dépression. Elle a le sentiment d'avoir laissé tomber tout le monde, d'avoir provoqué la déception du public...

Pourtant, alors qu'elle vit des heures sombres à l'abri des regards, c'est tout le contraire qui se produit. Une vague d'amour, de respect et d'empathie sans précédent la submerge ! Vous le remarquerez, il y a souvent un monde entre vos pensées et la réalité. Vos peurs vous poussent à imaginer un scénario bien plus terrible que n'est, concrètement, la véritable situation.

Les encouragements bienveillants des gens qu'elle pensait avoir trahis lui donnent la force, un an plus tard, de remonter sur le ring. La raison ? Quand l'athlète montre sa vulnérabilité, nombreux sont ceux qui s'identifient à sa détresse. En exposant ses failles, Ronda prouve son humanité dans toute sa richesse et sa beauté. Dans l'émission d'Ellen Degeneres, elle l'affirme : « Peut-être que mon rôle, en étant une personnalité publique, était de montrer l'exemple de la résilience après une défaite. »

J'adore les grandes mythologies autour des sportifs. Ceux qui n'étaient pas prédestinés à le devenir, ceux qui ont tout perdu et se sont relevés, bref, ceux qui sont aujourd'hui entrés dans la légende pour tout un tas de raisons.

J'ai pleuré devant le film *I, Tonya* avec l'excellente Margot Robbie. J'ai eu envie de tout quitter pour devenir boxeuse après le film *Ali* (il a fallu deux jours pour que je change d'avis, je vous rassure) et je peux dire sans ciller que *Rush* est l'un des films qui ont changé ma vie. Les incroyables résilience et confiance en la vie de Niki Lauda m'ont foutu une telle claque !

NIKI LAUDA
La résilience

Andreas Nikolaus Lauda fait partie des légendes du sport automobile, trois fois champion du monde, il tient son dernier championnat à un demi-point supplémentaire face à Prost. Pas de chance pour le Français. On retient de lui beaucoup de choses, et notamment sa rivalité avec James Hunt qui le pousse constamment à se dépasser pour gagner face à son ennemi des circuits. Mais c'est une immense épreuve qui inscrit Niki Lauda dans la légende.

Alain Prost parle de lui en ces mots pour *Automoto* : « Il y a des gens qui ont des palmarès, qui gagnent. Il y a des champions. Mais Niki, lui, fait partie des seigneurs. »

Nous sommes le 1er août 1976, en Allemagne, à Nürburgring. Ce jour-là, on peut apercevoir le pilote, le visage fermé : il a un mauvais pressentiment. Il s'agit, objectivement, de l'un des circuits automobiles les plus dangereux qui soient, et si le sport reste aujourd'hui encore incroyablement périlleux, voire mortel, imaginez un peu les conditions de l'époque. Le « Nordschleife » compte 22 kilomètres dont 73 virages. Coup de théâtre en 1970, le circuit est carrément boycotté par les pilotes durant une année car les conditions sont jugées trop instables : les coureurs automobiles ont peur de partir en tonneau à la moindre secousse… rassurant.

Retour vers le futur, en 1976. Il pleut à torrents depuis quelques jours, voire quelques semaines. Une réunion est même tenue pour décider de l'avenir de la course : doit-on annuler ou bien braver le déluge ? Niki Lauda fait partie de ceux qui souhaitent la décaler, arguant des piètres conditions allemandes. Pour les autres, il ne s'agirait que d'une tactique du pilote Ferrari pour conserver son avance sur le championnat.

Qu'importent les conditions, la décision de maintenir la course est prise avec une large majorité. Sur le tarmac, une simple erreur peut vous être fatale. Ici, ce sont les pneus qui font défaut. On change ceux de l'Autrichien à la tête de l'écurie Ferrari en cours de route, ceux spécial « pluie » sont remplacés par une toute nouvelle gamme dont il a horreur… et au virage suivant, c'est le drame.

Le monde entier découvre alors, en direct, la voiture de Niki Lauda en feu. Le pilote est coincé dans l'habitacle. Les images sordides laissent peu de place à l'espoir… L'émotion est immense lorsqu'on voit trois pilotes, si courageux, courir et ne pas hésiter à entrer dans le brasier pour tenter de sauver la vie de leur concurrent.

Niki Lauda reste très exactement cinquante secondes au milieu des flammes, les espoirs s'amenuisent comme peau de chagrin. Et pourtant les pilotes venus à sa rescousse sont témoins de la ténacité de l'Autrichien à se sortir de l'enfer, tentant par tous les moyens de défaire son harnais avant de perdre connaissance…

Pourtant à l'hôpital, c'est un homme d'un infini courage qui surmonte non seulement les atroces souffrances (son visage est brûlé, tout comme une bonne partie de son corps) mais qui se remet également de grandes séquelles aux poumons liées aux vapeurs toxiques.

Les semaines passent et, bien décidé à faire mentir les statistiques, Niki Lauda décide de retourner sur les circuits. Lui qu'on pensait foutu ne tient pas en place en visionnant les images de James Hunt, son rival de toujours, sur l'écran de télévision de sa chambre.

Quarante jours après son terrible accident, Lauda réapparaît sur le circuit. Devant les caméras, à Monza, il affirme ne plus souffrir. Officieusement, sa force de vivre dépasse tout, même la douleur. Il s'est octroyé seulement quatre jours après ses deux semaines d'hospitalisation et le voilà reparti, plus déterminé que jamais. Il arrive cinquième lors de sa première course après l'accident.

L'année suivante, le pilote Ferrari gagne à nouveau le championnat, prouvant que l'envie de vivre est votre force la plus puissante.

Niki Lauda s'est nourri de son épreuve pour en tirer une envie immense de prendre sa revanche, qui se nourrit du négatif pour s'élever, se tirer vers le haut, accomplir des choses impensables. La revanche sur la vie de Niki est un sacré cas d'école qui m'accompagne encore aujourd'hui, depuis cette fameuse séance de cinéma au Pathé de la place de Clichy.

J'en suis sortie toute vaseuse, presque ailleurs. Quelle tarte dans la figure. « Arrête de te plaindre », me suis-je dit, évidemment. Mais je n'ai pas oublié, non plus, que la plus grande des promesses de l'histoire du pilote champion du monde est bien que tout est possible. Tant qu'on ne cesse de se battre pour...

PHILIPPE CROIZON

S'accomplir grâce au handicap

Sur Wikipédia, Philippe Croizon est mentionné en tant qu'athlète, chroniqueur et conférencier. Cette vie faite d'exploits et de records, il la doit pourtant à une véritable tragédie. Philippe a vingt-cinq ans, une femme enceinte de leur deuxième enfant, un emploi en tant qu'ouvrier métallurgiste, une destinée qui semble toute tracée.

Pourtant, alors qu'il tente de réparer l'antenne au-dessus de sa maison, le jeune homme est électrocuté. 20 000 volts, le premier coup provoque un arrêt cardiaque, le second le ramène d'entre les morts. Seulement voilà, le choc électrique est immense. Il est transféré dans un hôpital pour les grands brûlés où il passe deux mois en soins intensifs, et la nouvelle fait l'effet d'une bombe : amputation des quatre membres.

Alors qu'il se trouve dans son lit d'hôpital, anéanti, le futur athlète découvre au cours d'un reportage l'exploit réalisé par une jeune Française d'à peine dix-sept ans, Marion Hans, ayant traversé la manche à la nage. Il se jure d'y arriver un jour, à son tour. Dans les moments les plus sombres d'une vie, les projets, les objectifs – même les plus minimes – permettent de tenir bon, de continuer à se considérer parmi les vivants.

Durant un peu plus de deux ans, Philippe Croizon s'entraîne trente-cinq heures par semaine pour atteindre son but. Il s'astreint à une discipline hors norme. Pour lui ont été imaginées des prothèses palmes en carbone et titane. Avant de faire le grand plongeon, celui-ci réalise une première étape : Noirmoutier-Pornic en dix heures. Qu'à cela ne tienne, pour atteindre l'objectif fixé, une fois à destination, l'athlète doit tourner en rond encore deux heures dans l'eau.

C'est déterminé qu'il s'élance, le 18 septembre 2010, à Folkestone. Il atteint la rive du côté du cap Gris-Nez en 13 heures et 26 minutes, devenant ainsi le premier homme quadri-amputé à traverser la Manche à la nage.

Grisé par ce sentiment de tous les possibles, Philippe Croizon bat ensuite de nombreux records en plongée, en rallye automobile… Alors qu'il vient tout juste de passer sur la liste d'attente des candidats à un voyage dans l'espace sur l'un des vaisseaux « Spaceship » d'Elon Musk, l'extraordinaire ouvrier métallurgiste devenu athlète prouve qu'il vise bel et bien les étoiles.

Et que retient-il de ce terrible accident, alors ? Après sa traversée de la Manche, le quadra déclare : « Je veux montrer aux gens qui souffrent que c'est faisable. Qu'on doit toujours se battre. J'espère être un symbole du dépassement de soi. »

Philippe est non seulement un symbole de tous les possibles, mais pas que. Pour beaucoup, il est surtout l'emblème de la résilience et la possibilité de tirer du positif d'une terrible épreuve. Où serait aujourd'hui l'ouvrier métallurgiste sans son accident ? On ne le saura jamais, évidemment, mais on peut se douter qu'il y aurait moins de trophées à exposer sur sa cheminée…

MICHAEL JORDAN

Devenir une légende

Il y a de la beauté à se montrer vulnérable. Michael Jordan, le plus grand basketteur de tous les temps, du moins le plus acclamé, est l'une des personnalités à avoir le plus parlé d'échec. C'est évidemment un peu contradictoire avec son statut. Et à la fois, d'une évidence folle : les risques sont à la hauteur des ambitions que vous avez. Vos échecs et vos réussites aussi. Il en fait même son slogan officiel : « J'ai échoué encore et encore dans ma vie. C'est pourquoi je réussis. »

Je me souviens de ma mère me parlant d'un très grand écrivain, acclamé par le public et par la critique. Quand elle le rencontre, quelque chose lui saute tout de suite aux yeux : sa grande simplicité. Il est d'une humilité étonnante, lui qui pourrait se vanter pour au moins douze vies ! Ce jour-là, elle cogite beaucoup sur la notion de succès, sur l'image que l'on renvoie aux autres. Quelque chose lui apparaît alors évident :

Quand on est au sommet, on n'a plus rien à prouver.

La prochaine fois que vous croiserez la route de quelqu'un de pédant, vous y repenserez.

Je n'ai pas – encore – eu la chance de faire la connaissance de Michael Jordan, mais cette réflexion me semble en tout cas cohérente avec toutes les rencontres que je fais grâce à « La Leçon ». La grande majorité d'entre elles sont très simples, très généreuses en partageant leurs expériences parce qu'elles se sentent assez bien dans leurs baskets pour réussir à transcender leurs épreuves et les raconter sans trop de difficulté.

Et justement, en parlant de basket : alors que Michael Jordan est au sommet de sa carrière dans le basketball, il décide de faire un break, et de tenter sa chance dans le baseball, sa seconde passion. Jordan se révèle un joueur moyen, voire vraiment pas très bon. Lui, l'icône, se fait régulièrement huer par le public.

Pour nous tous, il s'agirait d'une véritable humiliation. Ce n'est pas une déchéance mais c'est tout de même très rude de redescendre de quelques marches le succès. Pour le joueur, le ressenti est pourtant à 190 degrés du nôtre. À *Cigar Aficionado*, pour qui il donne une rare interview, Michael Jordan se confie sans détour et sans fausse humilité :

« Je n'ai pas peur de sortir de ma zone de confort. Certaines personnes pourraient penser que j'ai pris de mauvaises décisions professionnelles. Tout le monde a dit que ma carrière dans le baseball avait été une opportunité ratée par exemple. Pour moi, ça a été la meilleure chose qui me soit arrivée, parce que ça m'a permis de revenir dans le sport pro avec conviction. J'ai pu ressentir et mieux comprendre la passion des joueurs dans des ligues mineures. Les voir toucher 1 500 dollars par mois – ce qui est trois fois rien pour un sportif de haut niveau – m'a aidé à mettre les choses en perspective. Quand je suis revenu au basketball, j'ai d'autant plus apprécié la chance que j'avais. Donc, lorsque l'on gagne ces championnats (1996, 1997, 1998), la victoire a pour moi beaucoup plus d'importance qu'elle n'en avait en 1991, 1992, 1993… Pourtant, les gens ne voient pas ça ! Tout ce qu'ils voient, c'est que j'ai fait un score moyen voire médiocre au baseball. OK, d'accord. Mais l'effort y était, l'apprentissage et la passion y étaient. C'est la chose que mes parents m'ont enseignée : prends un événement négatif et tires-en du positif. N'aie pas peur d'échouer. »

Il suffit d'une perception des choses différente, d'un nouvel angle de vue pour voir qu'il y a de la réussite même dans l'échec. Et c'est l'un des plus grands athlètes de tous les temps qui vous le dit…

SIMONE BILES

Victoires, traumatismes et santé mentale

Lors des Jeux olympiques 2020, la gymnaste surprend le monde entier en renonçant à la majorité des épreuves pour cause de santé mentale. Une vraie révolution dans le monde du sport, dans le monde tout court d'ailleurs, alors que le bien-être mental est encore si souvent négligé.

Simone est de tous les records. Elle est la gymnaste la plus titrée au monde. La détentrice du plus grand nombre de médailles d'or aux États-Unis. Elle a tenté et réussi certaines figures réputées impossibles, défiant la gravité, entrant ainsi dans l'histoire. Elle est la petite fiancée de l'Amérique.

Pourtant, lors des JO de Tokyo, qui garderont dans l'histoire leur titre de « JO 2020 » bien qu'ils se soient déroulés en 2021, et alors qu'elle est leadeuse de son équipe et grande favorite des pronostics, Simone tient une conférence de presse durant laquelle elle déclare renoncer à la plupart des épreuves. Alors que l'on pourrait s'attendre à un problème physique, musculaire ou osseux par exemple, elle déclare souffrir d'un stress post-traumatique, et devoir prendre le temps de lâcher prise sur l'immense pression pour donner la meilleure version d'elle-même.

Pour comprendre les tenants et aboutissants de sa déclaration, il faut faire un saut dans le temps. Simone naît d'une maman toxicomane multipliant les allers-retours en prison. La petite est placée chez ses grands-parents. Elle déclarera des années plus tard que sa mère biologique ne s'est jamais occupée d'elle.

Pendant l'adolescence, alors qu'elle fait partie des jeunes espoirs en gymnastique, elle est l'une des nombreuses victimes de Lawrence Nassar, un ostéopathe chargé de toute l'équipe de jeunes athlètes. Il abuse plus de 125 victimes en prétextant leur administrer des massages pour soigner leurs douleurs de hanches ou de dos... Grâce à l'affaire Weinstein et à la libération de la parole liée au mouvement Me Too, les victimes de Lawrence Nassar osent enfin évoquer publiquement les agressions qu'elles ont subies. Nassar est condamné à soixante ans de prison. Simone prend la parole devant les caméras : « Il est incroyablement difficile de revivre ces expériences et cela me brise encore plus le cœur de penser que, dans mon rêve de concourir à Tokyo, je devrai sans cesse retourner dans le même centre de formation où j'ai été maltraitée. »

Derrière les sourires, la bonne humeur permanente et la force de caractère dont elle fait preuve, la jeune femme mène un combat contre la dépression, elle qui cumule les adversités depuis toute petite.

Les JO de 2020 sont différents. Simone Biles est devenue une icône internationale, elle est aussi connue à travers le monde qu'une chanteuse de pop. Elle participe à la gloire du sport américain, avec toute la pression qui en découle. Alors qu'elle s'accroche pour ne pas laisser ses « vieux démons » la rattraper et lui faire perdre son objectif de vue, sa tante décède subitement, à des milliers de kilomètres de là...

Il est inimaginable de savoir ce qu'elle peut ressentir en apprenant la nouvelle, sans pouvoir être présente pour les siens... Piégée, peut-être ? Incroyablement isolée, de façon certaine.

Simone tremble à l'idée de rater sa performance et de diminuer les chances de son équipe de remporter la médaille d'or... et décide donc de se retirer de la compétition.

On pourrait voir cela comme une défaite. Travailler si dur... et renoncer ? Quelle drôle d'idée ! S'il y a bien une chose que l'on nous apprend depuis toujours collectivement, et plus encore dans ce genre de domaine, c'est de ne rien lâcher, jamais. Alors c'est très perturbant de voir une athlète de ce niveau, qui en est là justement grâce à sa ténacité... renoncer.

Pourtant, il faut avoir une sacrée paire d'ovaires pour décider en conscience que la réussite du groupe est plus importante que sa propre implication.

Elle est si souvent négligée.

Il s'agit d'un immense cadeau fait à tous les athlètes qui souffrent en silence et n'osent pas faire entendre leur voix, n'ayant pas l'aura médiatique et la popularité de la gymnaste. Simone Biles, sans s'en douter peut-être, entre désormais doublement dans l'histoire.

Beaucoup de maturité, de cran, pour sacrifier sa propre gloire au profit de la collectivité. Mais la plus grande des victoires revient à la reconnaissance de l'importance de la santé mentale.

ROMAIN CANNONE

Du refus aux médailles d'or

Les JO de Tokyo ont été riches en leçons : l'histoire de Romain Cannone, vingt-quatre ans et encore anonyme avant cet été 2021, est digne d'un film hollywoodien. Rien ni personne ne le pressentait pour devenir le nouveau champion olympique dont tout le monde parle… et c'est peut-être cela, d'ailleurs, qui lui a donné la force de se battre pour prouver qu'il en était capable.

Avant les JO de Tokyo, le champion d'escrime n'est jamais monté sur un podium de compétition internationale. À vrai dire, il est 47e du classement… Loin, donc, de ceux qui font la une des journaux.

Pourtant, ce qui se joue durant la compétition défie absolument tous les pronostics et fait tourner bien des têtes. Dès son entrée, le Français bat à plate couture le champion olympique des JO londoniens : 15-12, le résultat est sans appel. Il se confronte ensuite tour à tour aux numéros 2 et 3 mondiaux avant de créer la surprise en finale, où il bat le Hongrois Gergely Siklósi, champion du monde et détenteur du titre.

Le monde entier assiste au couronnement d'un *outsider* devenant le nouveau prince de l'escrime qui revient… de très loin.

Aux États-Unis où il vivait depuis l'enfance, on refuse de l'intégrer au sein de l'équipe professionnelle. Dépité, Romain ne se résout pas à abandonner son rêve aux portes des sélections et à trouver un travail plus conventionnel.

Revenu en France pour poursuivre une carrière en tant qu'athlète, l'escrimeur n'est même pas prévu au programme des JO. C'est un coup du destin qui va le pousser sur le devant de la scène. Initialement remplaçant pour l'épreuve par équipe, Romain se voit prendre la suite en individuel de Daniel Jérent, contrôlé positif à un test antidopage. Cette décision est prise à la dernière minute et surprend absolument tout le monde, le nouveau sélectionné ayant terminé trentième lors des mondiaux de Budapest. Alors, comment expliquer un tel succès ? Bien sûr, j'imagine que sa réussite est un savant mélange de facteurs, mais je pense que l'un des ingrédients principaux est une bonne dose de psychologie inversée.

Impossible de rester indifférent face à des pronostics qui ne vous donnent jamais gagnant. Un sentiment de colère, d'injustice ou de défiance… chacun ressent les choses à sa manière. Mais bien utilisée, cette énergie peut se révéler incroyablement efficace. Le combat devient alors personnel. On ne se bat plus que par amour du sport. On se bat pour prouver sa valeur, défendre en quelque sorte son honneur. Et cela s'avère régulièrement d'une efficacité redoutable.

Combien de joueurs hués par la foule ont fait preuve d'une énergie qui a tout détruit sur son passage ? Et si le mot d'ordre était de s'imprégner du négatif pour le transformer en force ? Jamais une vengeance, toujours une revanche. Tel est l'état d'esprit. Nous ne saurons jamais si Romain Cannone aurait gagné s'il avait été annoncé grand vainqueur dans les médias. Mais je suis certaine d'une chose : sa victoire n'en est que plus savoureuse.

VIKASH DHORASOO

Perdre vite, pour s'entraîner tôt à vivre l'échec

Les amateurs de football le connaissent bien, Vikash Dhorasoo est un ancien joueur du PSG et du FC Milan. L'homme s'est fait connaître sur le terrain, évidemment, mais aussi sur les plateaux télé, ayant souvent une réflexion riche en enseignements. Pour lui, c'est une évidence : perdre est même le tout premier apprentissage à acquérir dans la pratique de votre activité sportive !

Le futur footballeur professionnel en fait l'expérience très tôt, en vivant sa première défaite, alors qu'il n'est encore qu'un « môme qui joue au foot ». Le verdict tombe comme un couperet pour les petits passionnés de ballon rond : 2 buts à 0. Tous les joueurs se regardent, complètement sonnés par ce résultat de match inattendu, face à une équipe qu'ils étaient persuadés de vaincre aisément. Les enfants sont tous en larmes... « Au foot, le meilleur ne gagne pas forcément. Il y a tellement de paramètres dont il faut tenir compte, des détails qui vont jouer sur la performance de l'équipe. C'est ça, aussi, qui rend ce sport si passionnant ! »

Une fois ce gros chagrin passé, le jeune Vikash prend conscience que toute la pression qu'il met sur ses épaules s'est apaisée. Maintenant, il sait ce que ça fait de perdre. Après tout, loin d'être grave, la défaite fait même partie intégrante du jeu. Vikash décide alors de lâcher prise sur son envie de perfection pour se concentrer sur ce qu'il sait faire de mieux : jouer. Cet état d'esprit va le poursuivre jusqu'au stade de France. « Les plus forts dans mon domaine sont ceux qui sont capables de se remettre rapidement d'une défaite pour se concentrer sur le prochain match, le prochain objectif ! »

Le stoïcisme, parlons-en. Garder sa sérénité et son calme intérieur, qu'importent les éléments extérieurs : une victoire comme un échec. L'idée, aussi, que l'une et l'autre ne nourrissent pas l'ego. Changez votre regard sur vos grandes victoires et vos grosses défaites en comprenant que vous n'êtes défini... ni par les unes, ni par les autres. Dans la vie, tout est mouvant, sauf qui vous êtes au plus profond de vous-même.

N'ayez pas peur de rater...
en ratant, et ça le plus vite possible ! Hop, une pression en moins.

Perdez souvent. Pour apprendre de vos erreurs et avancer à vitesse grand V.

Répétez après moi :
« Si même un ancien joueur du PSG le dit... »

ALAIN PROST
Mettre son perfectionnisme sur pause

Savez-vous pourquoi Alain Prost, champion du monde de Formule 1 de 1980 à 1993, (seul Français à avoir remporté ce prix à ce jour) est surnommé le *Professeur* ? Parce qu'il compte quatre titres de champion du monde avec 51 victoires au total mais aussi et surtout parce qu'il a donné de sacrées leçons, tout au long de sa carrière, à ses adversaires sur le circuit.

Pourtant, si on comptabilise le nombre de compétitions auxquelles il a participé, le pilote a statistiquement plus perdu que gagné. Tout est une question de pers-pect-ive. De verre à moitié vide ou à moitié plein. C'est quoi, une victoire ? Est-ce qu'elle est la même à vos yeux qu'aux yeux de la société ? Qu'est-ce qui compte le plus pour vous ?

Ce dernier parvient enfin à lâcher prise grâce au concours d'un autre immense coureur automobile... Niki Lauda, dont on a déjà évoqué l'incroyable destin. Alain Prost raconte :

« Chaque course perdue m'affecte trop. Je n'arrive pas à prendre de recul, à voir ma contre-performance dans sa globalité. Un dimanche soir de course, j'ai une casse mécanique. Je suis encore plus frustré que d'habitude car je n'ai aucune emprise sur la situation. Niki Lauda, mon coéquipier chez McLaren, me lance : "Viens, on va en boîte de nuit prendre un verre. Tu vas te morfondre un peu, fumer une cigarette si tu veux et demain au réveil : tu passes à autre chose." »

«Il y a des courses où je finis quatrième et pour lesquelles je trouve que j'ai fait une performance formidable. D'autres fois je gagne des courses sans challenge, qui me laissent sur ma faim.»

Le champion ne conseille évidemment pas de boire son propre poids en whisky Coca. En tout cas moi, je me décharge en cas de grosse gueule de bois. En revanche, cette idée de « tirer le rideau » sur l'événement du moment en se rappelant qu'il appartient déjà au passé est importante.

À chaque jour suffit sa peine, dit-on. Je trouve cette expression d'une justesse folle ! Vous ne méritez pas de ressasser un événement négatif pour lequel vous n'avez pas de solution. Acceptez vos émotions : déception, tristesse, colère. Et dites-vous que vous méritez de passer à autre chose, de *tirer le rideau* sur votre échec. Bien sûr, cela n'empêche pas d'analyser la situation qui vient de se dérouler, mais avec des émotions apaisées et donc une vision plus claire des choses.

En regardant par-dessus son épaule, le coureur automobile analyse : « Pour moi, l'échec, c'est uniquement un épisode dans la série télé de sa vie qu'on écrit au fil des jours. Il ne doit pas avoir plus d'importance qu'un autre. » Netflix valide ce message d'utilité publique.

N'analysez jamais votre échec sous le coup de l'émotion !

Réfléchissez à ce qui compte le plus pour vous... et mettez de côté les attentes de la société.

Si même le Professeur a plus perdu de courses qu'il n'en a gagné, vraiment, lâchez-vous la grappe et vivez chaque expérience comme un pas de plus !

SARAH OURAHMOUNE

Ce n'est pas la destination qui compte mais le chemin

Quand Sarah Ourahmoune commence la boxe en 1996, accrochez-vous bien, les femmes n'ont pas encore le *droit de boxer*. Alors forcément, il n'est pas question de se rêver en championne de boxe et encore moins d'imaginer aller aux JO. À l'époque, elle se sent chanceuse de tomber sur un entraîneur intelligent qui lui ouvre la porte de sa salle et lui apprend tout. Il faudra attendre 1999, grand tournant dans la discipline, pour que Sarah accède (enfin) à la compétition officielle. « Votre premier combat, c'est un peu le moment de vérité, les quelques minutes durant lesquelles vous découvrez ce que vous avez réellement dans le ventre. Un mélange de peur et d'excitation : grisant. »

2012, année de la première olympiade pour la boxe féminine. Elles sont 600 boxeuses... pour 36 places. Pour la sélection, un seul tournoi de qualification qui s'organise en... « mort subite ». Rien que le nom plante le décor ! Le concept est simple : tant qu'on gagne les combats, on avance dans la compétition. Au premier combat perdu, le rêve s'arrête. « J'attends ce moment depuis seize ans. Ça va au-delà du simple rêve sportif, ça raconte aussi l'évolution de la place de la femme dans la société ! »

La championne gagne, gagne, gagne. Elle gravit un à un les échelons. Jusqu'à se retrouver face à l'ultime adversaire qu'elle doit battre pour décrocher son ticket aux JO. Quelques minutes avant le début du combat, son mental flanche : elle doute, se demande si sa stratégie d'attaque est la bonne. Ses émotions perturbent sa concentration et créent un brouillard opaque au moment le plus crucial.

La boxeuse passe les huit minutes que dure la rencontre à se répéter avec dureté : « Je dois tout donner. C'est maintenant ou jamais. Tout le monde va être déçu si je perds. »

**16 ans de travail,
8 minutes
de mise en action.
À l'arrivée,
l'échec.**

« À aucun moment, je ne visualise que je peux perdre... ce qui me met, dans l'action, une immense pression. J'ai déjà la larme à l'œil quelques secondes avant le gong final. Je sais que tout est terminé. J'ai l'impression que c'est la fin du monde, que je vais m'écrouler... » La championne de boxe vit sa défaite comme une injustice, après tout, elle est la meilleure dans sa catégorie et a déjà battu toutes les autres athlètes qualifiées, elle devrait faire partie de la sélection. En bref : elle est en colère.

Aujourd'hui, elle comprend que la jeune femme de l'époque n'était pas prête. Prête physiquement, bien sûr… mais qu'en était-il du mental ? À l'époque, elle pense que l'entraînement de boxe – très difficile – lui forge un mental de gagnante. Elle travaille beaucoup sa stratégie, son physique, mais n'accorde pas la place nécessaire à son psychisme. Après avoir digéré l'événement, la question se pose : est-ce qu'elle y retourne ? Et si oui, doit-elle travailler différemment en amont de la compétition ? La championne choisit de mettre un stop à sa carrière, devient maman, reprend ses études.

Mais, comme toujours lorsque l'on a quelque chose dans les tripes, l'envie revient comme une évidence.

Six mois après la naissance de sa fille, Sarah Ourahmoune reprend les entraînements. Avec une volonté : celle d'aborder différemment sa façon de concevoir chaque match. Vivre le moment présent sur le ring, ne pas penser à l'issue du match avant qu'il ne soit terminé, visualiser inlassablement ses enchaînements pour ne pas se laisser parasiter par l'extérieur.

Elle met en place un rituel que je trouve génial par sa simplicité et son efficacité. Après avoir identifié un moment où elle se sent particulièrement guerrière et combative, elle choisit une musique qui retranscrit à la perfection ce *mood*.

Pour Sarah, c'est Tina Turner (et on la comprend). Elle va jusqu'à l'écouter trois fois par jour en essayant de ressentir les sensations, l'émotion qui caractérise le souvenir choisi. Avant chaque match, elle passe cette chanson : bingo, l'état d'esprit est le bon. « À force d'imaginer mon combat idéal, de mettre en place ces différents rituels d'imageries mentales, je monte sur le ring en ayant presque l'impression d'avoir déjà vécu ce moment, déjà gagné cette bataille. Je ressens dans mon cœur que c'est possible, que je peux… et le corps fait le reste. »

Deux ans après, Sarah reprend les qualifications pour les JO. Elle n'est plus la même physiquement et mentalement. Cette longue pause lui permet enfin d'accepter qu'elle est imparfaite, et pour autant de donner le meilleur d'elle-même. « Cet échec me permet de donner du sens à ma seconde vie de boxeuse. »

Sarah Ourahmoune se qualifie. Part à Rio. Gagne la médaille d'argent aux JO.

De vous à moi, je réécoute son épisode dès que je me sens sur le point de baisser les bras…

QUATRE MORCEAUX PARFAITS POUR SE DONNER DE LA FORCE !

MHD, *La Puissance*
Lizzo, *Truth Hurts*
Tina Turner, *Eyes of The Tiger*
Kanye West, *Black Skinhead*

Parfois on oublie – et c'est un peu bateau de le rappeler, j'en conviens – que ce n'est pas la destination qui compte mais le chemin. On est tellement obsédé par la réussite, par le fait de vaincre l'autre, par nos performances qu'on en oublie un peu que le plus important dans le sport est de se faire du bien, d'apprendre à se faire confiance, de prendre conscience qu'on peut franchir de nombreux obstacles en étant persévérant, résilient. Les résultats ne devraient pas se compter qu'en points et en modifications physiques, sinon on passe à côté de l'essentiel, vous ne croyez pas ?

AMOUR

[a.muʁ] n.m.

Réaliser que, parfois, on n’a pas ce qu’on veut parce qu’on mérite mieux.

Pensons la vie comme un train. Certains passagers nous accompagnent dès le départ, de nombreuses personnes entrent gare après gare, et puis d'autres descendent de notre wagon pour rejoindre leur destination… Jean d'Ormesson a écrit l'un des plus jolis poèmes sur le sens de la vie à ce propos.

« Ce voyage en train sera plein de joies, de peines, d'attentes, de bonjours, d'au revoirs et d'adieux.

Le succès est d'avoir de bonnes relations avec tous les passagers pourvu qu'on donne le meilleur de nous-mêmes.

On ne sait pas à quelle station nous descendrons, donc vivons heureux, aimons et pardonnons. »

Comme beaucoup d'adolescents, je ne conçois pas l'amitié sans avoir toujours un ou une meilleure pote à mes côtés. Les changements de classe, d'école sont l'occasion de construire une nouvelle relation fusionnelle à chaque fois. Lorsque j'arrive à l'internat, je rencontre celle qui deviendra ma sœur de cœur toute la durée de mon lycée. Elle est belle, drôle, adorable et charismatique. Elle attire les gens à elle, et moi, je n'ai qu'à en récolter les fruits. On fait absolument tout ensemble : nos soirées, nos vacances, nos bêtises de jeunesse… Si bien qu'un seul événement sans elle devient source d'angoisse. Je n'ai personne pour qui je suis indispensable, ni avec qui me sentir invincible.

L'amitié tourne progressivement à la possessivité, chez l'une comme chez l'autre. Je me souviens avoir eu des difficultés à supporter qu'elle ait des amis proches en dehors de moi, comme si ma valeur s'en voyait diminuée. De son côté, et parce qu'elle attire la lumière sur elle la majeure partie du temps, elle a du mal à me voir séduire un garçon. Petit à petit, on ne pousse plus l'autre vers le haut. On se maintient au sol en se persuadant qu'il ne peut en être autrement. Et puis un jour, je suis dans ma cuisine à Nantes, nous sommes peu avant le bac, à l'heure de décider quel chemin prendre ensuite. Je décide de partir poursuivre mes études à Angers, non loin de là, comme elle. Parce que dans le fond, je n'ai pas assez confiance en moi pour penser que je peux me suffire. Je crois que je mets la dernière goutte d'eau dans un vase qui menaçait déjà de déborder. Quelques heures plus tard, elle me rappelle pour me dire qu'elle veut prendre ses distances... En bref : que notre amitié telle que je la connaissais est terminée.

C'est vertigineux. Le sentiment de s'asseoir sur une chaise à trois pieds.

Et à la différence de la rupture amoureuse, qui se raconte dans la littérature, les films, la musique... la rupture amicale n'est pas une évidence. Parce que l'amitié, en tout cas le mythe de l'amitié, est censée être un lien doux et solide qui dure toute la vie, et qui accompagne toutes les épreuves. Tenez, par exemple : on ne qualifie pas l'amitié de « passionnelle » comme on le ferait d'une relation amoureuse. Alors que je vis cette rupture, et parce qu'à la différence de l'amour je n'en ai pas connu d'autre... j'ai honte. Je... je n'ai donc pas réussi à garder mon amie ?

J'ai honte parce que l'amitié, dans le langage commun, est devenue une valeur à part entière. L'amitié est le symbole de la fidélité, du soutien, de la sociabilité, de l'intelligence sociale. On peut se vanter de privilégier les amitiés sincères, en les comptant ainsi sur les doigts d'une main. Mais combien de personnes disent avec fierté : « Je n'ai aucun ami » ? Peu.

Après des années sans se parler, on s'est aujourd'hui retrouvées… apaisées et avec beaucoup de tendresse pour les souvenirs de nos jeunes années. Je peux dire à présent que cette « séparation » m'a été bénéfique. Je crois que je me cachais derrière le duo que nous formions pour éviter de prendre des risques, d'expérimenter en solo, de me bousculer… Il fallait que cela arrive, et cela n'entache ni nos beaux souvenirs d'hier, ni nos liens d'aujourd'hui. Si mon amie n'avait pas été à l'initiative de cette « séparation », je n'en aurais pas eu la force moi-même. J'aurais continué, jusqu'à l'épuisement, sans respecter mes propres limites. L'amitié aurait laissé place à de la possessivité creuse, elle nous a protégées à temps.

LORD ESPERANZA

Utiliser son chagrin comme énergie créatrice

Je me suis beaucoup retrouvée dans les leçons qu'a tirées Théodore Desprez, *alias* Lord Esperanza, de son vécu. C'est troublant d'entendre chez l'autre des phrases que l'on aurait pu dire soi. C'est réconfortant, aussi.

Lorsqu'il commence ses études à la Sorbonne, Théodore est déjà un mordu de rap. Il passe ses journées et ses nuits à essayer de trouver des rimes sur tous les « instru » de ses artistes préférés. Alors les études... c'est surtout pour rassurer ses parents, et assurer ses arrières. Le jour de la rentrée, il tombe sur son double. C'est un peu fou de se retrouver dans la même classe que l'unique autre rappeur du campus (surtout à la Sorbonne !).

L'entente entre eux est évidente et immédiate. Ils ont les mêmes codes, les mêmes inspirations et puis, surtout, les mêmes ambitions. Résultat, l'amitié est tout de suite très forte entre eux deux. L'équivalent d'une Ferrari passant de 0 à 100 en 3 secondes, vous voyez ? Théodore se sent porté par ce jeune homme qui a déjà de l'expérience et surtout dix mille idées à la seconde. De fil en aiguille, à force d'après-midi passés à rapper au lieu d'étudier, ils décident de former un groupe et d'y inclure une troisième personne. Ah, le rêve. Tout le monde leur dit qu'ils sont les révélations de demain, et ils finissent par y croire eux-mêmes... Quitte à prendre un peu la grosse tête, de l'aveu de Théodore.

« C'est fou, parce que c'est au moment où j'accomplis le moins de choses que j'ai le plus gros ego et la plus grande arrogance… Alors quand tu commences à te confronter à la vraie problématique de remplir une salle, signer un contrat, etc., c'est là que tu rencontres enfin l'humilité ! »

Théodore décide d'arrêter ses études pour se concentrer sur sa musique… avec toute la pression de réussite que ça implique. Parce qu'il n'a pas droit à l'erreur, il travaille d'arrache-pied, écrit tous les jours, s'entraîne encore et encore. Le syndrome de l'imposteur, ça a parfois du bon.

Il est ultra-motivé et se sent de plus en plus frustré par ses amis qui traînent la patte… qui ne s'astreignent pas à la même rigueur. Il y a quelques frictions dans le groupe, rien de grave *a priori*. Et puis un jour, sur un coup de tête et avec une excuse qui ne tient pas la route, le grand ami de Théodore, celui avec qui il pensait, comme le dit si bien d'Ormesson, faire un long trajet en train, décide de lui tourner le dos. Sans autre forme de procès.

Pour le jeune rappeur, c'est un mélange d'incompréhension, de tristesse et d'injustice. Alors, c'est tout ? Pas d'explication, rien, ça se termine comme ça entre nous ?

Les années passent, Théodore devient Lord Esperanza et connaît un succès retentissant entre sa carrière musicale, le label de musique et la marque de vêtements qu'il crée en parallèle… Et cette histoire d'amitié, qu'en reste-t-il ?

D'abord des valeurs, construites grâce à cette expérience. L'idée primordiale qu'il ne faut pas chercher à changer les gens que l'on aime, juste à les accompagner, les soutenir. L'amitié doit être un espace sécurisé au sein duquel on peut être soi-même, profondément en accord avec qui on est au plus profond. Et puis, surtout, une intuition : celle que rien n'arrive par hasard. « C'était une amitié dont j'avais besoin, à ce moment-là. Cette rupture m'a donné envie de transformer l'énergie de tristesse et de déception en quelque chose de beau. » L'artiste s'en nourrit pour la transformer en puissance créatrice. Il transforme le plomb en or, en quelque sorte. Le fameux *tant pis* qui se transforme en *tant mieux* ou comment nos peines, comme le reste, nous apprennent beaucoup sur nous et nous poussent à être de meilleures personnes. Des personnes qui ont des blessures, certes, mais qui en sortent grandies en ayant appris et mûri.

KYAN KHOJANDI
L'art de… trop donner

On se sent parfois très seul quand on traverse la fin d'une amitié à laquelle on tenait beaucoup. Figurez-vous que l'épisode de Kyan Khojandi, humoriste et créateur de l'iconique série *Bref* sur sa rupture amicale, est le plus écouté (et de loin !) de toute l'histoire de « La Leçon ». Vous vous sentez déjà moins isolé, n'est-ce pas ?

Lorsqu'on écoute les réflexions de Kyan, on comprend bien son succès. Parce qu'il y parle du fait de « trop donner ». De s'épuiser dans une relation à sens unique. Et ça, c'est quelque chose qu'on a presque tous expérimenté. En amitié, mais aussi en amour, ou au sein de son travail.

Pour l'humoriste, élevé dans une famille où l'entraide et le don de soi sont culturels, vouloir aider ses amis à tout prix est une évidence. Il ne peut pas écouter sans tenter de trouver une solution. Une fois que la machine à entraide se met en route, le moteur ne peut plus s'arrêter ! Sauf qu'il comprend avec les années que tout le monde ne souhaite pas être aidé… parfois seulement écouté. Chacun doit réaliser ses propres expériences, poursuivre son propre chemin de vie : « Il y a juste à être présent et à changer les pansements », comme dit Orelsan. Pour lui, cette rupture amicale est un déclencheur sur sa propre façon de voir la vie.

« Plus j'essaye d'aider mon pote, plus je l'énerve. Je comprends alors qu'il faut aussi apprendre à ne plus s'épuiser, à conserver son énergie intacte. Aujourd'hui, j'essaye d'envisager mes rapports avec mes amis de façon qualitative et non quantitative. » Certaines personnes descendent de votre wagon entre deux stations parce que vous ne communiquez pas de la même manière, que vous n'êtes plus sur la même longueur d'onde... et c'est OK. Avec le recul, Kyan sait aujourd'hui qu'aider les autres fait partie de sa nature profonde, mais que cela ne doit pas l'empêcher de se préserver, de ne jamais perdre de vue qu'il doit se faire passer en premier. Alors, quelle moralité à cette histoire ? Quel mot de la fin à ce chapitre de sa vie ? « Il vaut mieux se tromper en ayant essayé de bien faire qu'en ayant ignoré le problème ! » Bien dit.

Tenez, d'ailleurs. Navo, le génie de l'humour qui se cache derrière vos séries préférées – *Bref* et *Bloqués*, entre autres – et grand acolyte de Kyan Khojandi parle de l'échec en ces mots :

« Être attentif aux échecs des autres est une ressource inépuisable de leçons de vie.
Certes, on apprend bien à ne pas toucher une flamme en allant se brûler les doigts sur la gazinière,
mais on peut aussi l'apprendre en regardant quelqu'un d'autre hurler en se tenant la main et en criant : "Ah sa mèèèèèère !!!" Ça a l'avantage de faire moins mal et c'est plus marrant.
Soyez à l'écoute. À chaque fois que vous aiderez une personne à trouver une solution, à chaque fois que vous la réconforterez après un échec, à chaque fois que vous analyserez ensemble les erreurs qu'elle a pu faire, vous vous aiderez aussi.
Quelqu'un d'intelligent apprend de ses erreurs, quelqu'un de sage apprend aussi des erreurs des autres. »

SORTIR D'UNE RELATION TOXIQUE

Dans la famille « apprendre à se protéger », je voudrais… ma mère ! Pour mes beaux yeux (ou grâce à un poil de chantage affectif, comme vous préférez), elle a accepté de raconter son histoire d'amour passée avec un pervers narcissique. Je peux vous dire que c'est digne du film *Shutter Island*, Leonardo Di Caprio en moins. Je le sais, j'y étais ! Enfin, jusqu'à ce qu'il réussisse à m'éloigner en me mettant en pension, mais un peu de patience.

Ma mère rencontre Paul (le prénom a été modifié pour des raisons évidentes) un beau jour d'été, c'est un ami de son grand frère. J'ai quinze ans, mes parents sont séparés depuis des années et maman n'a jamais refait sa vie. Paul est connu dans notre ville, il a une très bonne situation, il est de « bonne famille », beaucoup de charisme, de nombreuses femmes autour de lui. Et c'est ma mère qu'il choisit.

Elle est flattée, impressionnée… mais le feeling n'est pas vraiment réciproque. Tout le monde lui dit pourtant à quel point elle est chanceuse, qu'elle ne doit pas laisser passer la chance de sa vie, qu'un homme « comme lui » s'intéresse à une femme « comme elle », c'est inespéré. Alors elle se laisse séduire, convaincre presque, par le contrat amoureux qui se présente sous ses yeux.

Et le piège, peu à peu, se referme.

Il la veut pour lui tout seul, alors évidemment, moi l'ado boutonneuse scotchée à sa maman, je pose problème. Alors que ma

relation avec ma mère a toujours été fusionnelle, j'entre dans une phase de grosse crise d'ado, et aujourd'hui je vois bien que ça ressemble simplement à un appel à l'aide. Paul, subtilement, essaye de nous braquer l'une contre l'autre. Il dit à ma mère qu'elle ne sait pas me gérer, qu'elle n'est pas assez ferme, Dieu merci, il est à ses côtés, enfin un homme pour faire régner l'ordre dans la maisonnée, en somme...
C'est non seulement misogyne mais aussi très mal venu de la part d'une personne qui est dans notre vie depuis quoi, quatre, ou peut-être cinq mois ? Et qui, de surcroît, s'est fâchée avec ses deux filles (des femmes géniales, brillantes et indépendantes, soit dit en passant). Ça, c'est un sacré drapeau rouge qui aurait dû nous mettre la puce à l'oreille... mais comme il a une bonne explication pour tout... Vous voyez ce que ça peut donner ?

Petit à petit, il s'immisce dans tous les aspects de sa vie : la manière dont elle s'habille, tout d'abord. Il aime qu'elle porte de la couleur, des volants, des frous-frous, des talons, il veut qu'elle fasse « femme ». Ses amies, ensuite. Elles la tireraient vers le bas. Il a toujours une bonne excuse pour refuser qu'elles viennent chez eux. En réalité, elles ne sont pas les bienvenues, mais il a l'art et la manière de ne pas le présenter de cette façon. Et puis, dès que ma mère veut aller les voir, le planning se remplit comme par miracle pour l'en empêcher. Un vrai magicien ! Enfin, il veut être de toutes les discussions, l'aider à tout, se montrer indispensable. IN-DIS-PEN-SABLE.

Lorsque ma mère émet quelques doutes, la famille et les amis sont les premiers à lui dire qu'elle se fait des idées, et qu'elle devrait plutôt se rendre compte de la chance qu'elle a, d'avoir un homme si présent à ses côtés. Alors elle commence à douter de son propre jugement. C'est vrai qu'ils font plein d'activités super ensemble, même si, par conséquent, elle voit de moins en moins ses amies. C'est vrai qu'ils ont des discussions très enrichissantes, même s'il ne lui laisse jamais un instant de répit en solitaire. C'est vrai qu'il lui apprend plein de trucs, même s'il lui répète sans cesse qu'elle ne serait rien sans lui.

Et pendant ce temps-là, moi, je me sens de plus en plus mise à l'écart. Géographiquement d'abord. On vient de déménager chez lui après seulement six mois. « La condition *sine qua non* pour que notre relation fonctionne », selon lui. Ma chambre se trouve dans une maison accolée à la leur, avec un couloir extérieur pour passer d'une maison à l'autre. Évidemment, c'est super, j'ai un endroit rien qu'à moi avec ma propre salle de bains ! Mais je n'entends plus rien de la maison dès que je vais dans mon espace, et j'aurais beau hurler en cas de problème... on ne m'entendrait pas.

Dit comme ça, ça fait franchement « problème de riche », mais je ressens tellement l'isolement dans lequel je suis placée que ce détail prend toute son importance... Chaque soir, chaque nuit, il parle des heures à ma mère de moi, de ma supposée « âme noire » :

« Elle a le vice au fond des yeux. » (Dès l'âge de quinze ans ? eh bien, je suis précoce !)

« Elle va t'abandonner dès qu'elle aura sa majorité. » (Trente ans et toujours là !)

« Elle va te dépouiller de tout ton argent avant de te tourner le dos. » (N'est pas Balkany qui veut.)

Etc.

Dans la bouche de Paul, on dirait bien que je m'adonne à des rites sataniques alors qu'en réalité, je joue aux Sims, j'économise mon argent pour m'acheter des bonbons ou aller chez H&M le samedi après-midi et j'appelle mes copines pour parler des garçons.

NB : Ces phrases vous semblent probablement trop *too much* pour être crédibles. Pourtant, parce qu'il les répète à ma mère toute la journée avec une conviction qui force l'admiration, parce qu'il a un jugement très sûr par ailleurs dans de nombreux domaines et qu'il est très estimé de sa communauté : il aurait bien pu semer le trouble. Dieu merci, ma maman sent déjà par ailleurs que quelque chose cloche.

Après une énième fâcherie au moment du dîner, c'est décidé : Paul veut que je parte en pension. Je ne rentre alors plus que pour les week-ends… et l'atmosphère change de façon surprenante. Maman et moi devons presque demander la permission pour avoir une heure ensemble ou, si on a de la chance, une après-midi rien que toutes les deux. On trouve souvent des prétextes pour se retrouver en catimini. Ma relation avec Paul change du tout au tout elle aussi. Il s'intéresse enfin à moi, on plaisante beaucoup… et durant ces moments de complicité, il ignore étrangement ma maman.

Il a en réalité compris que s'il veut garder la mère, il doit se mettre la fille dans la poche…

À ce stade de l'histoire, je ne me rends pas compte de ce qui se trame la semaine, lorsque je suis à l'internat. La sonnette d'alarme de ma mère s'enclenche… Elle sent bien que quelque chose cloche. Elle en rit presque – tellement la situation devient absurde – lorsqu'elle découvre qu'il a recopié à la main l'entièreté de son répertoire téléphonique avec une petite annotation à côté de chaque contact.

Il a beau lui répéter qu'elle n'est rien sans lui, qu'elle ne sait rien faire, qu'elle est seule (il a réussi à l'éloigner doucement de sa famille et de ses amies qu'elle ne voit plus), qu'elle ne va pas bien, qu'elle est fragile psychologiquement... son cœur, lui, sait. Il sait qu'elle est forte et surtout résiliente. Mais comment s'affirmer ? Alors là, la question reste en suspens...

La réponse survient quelque temps plus tard, lorsque Paul la pousse à aller voir un psychiatre. Pour combattre son prétendu mal-être. Mais attention, pas n'importe lequel ! Un psychiatre qu'il aura sélectionné, lui. Ma mère sourit intérieurement en entrant dans son cabinet : il est vieux, hirsute, laid. Elle comprend bien le choix de son compagnon.

Elle décide alors de réaliser un pacte avec elle-même : utiliser ces séances pour se faire aider à sortir de son emprise. Pendant ce temps-là, chaque semaine et en secret, lorsqu'elle m'amène en voiture à l'internat le lundi matin (joie de ces quarante-cinq minutes en tête à tête !), elle apporte un carton d'affaires chez sa meilleure amie... Vous avez lu juste : ma mère prépare sa fuite.

La maison est grande et Paul ne voit pas que peu à peu, les affaires de sa compagne disparaissent... Et puis un jour, à la fin de la séance avec son psy, celui-ci la regarde dans les yeux et lui sort ces mots magiques : « Voilà, vous êtes prête. » Elle le sent, elle aussi, depuis quelques semaines déjà. Elle rentre chez eux et lui dit en le regardant droit dans les yeux : « C'est fini. »

Je vous passe la suite de la discussion, surtout parce que je ne la connais pas en détail. Je sais simplement qu'il se montre violent physiquement (pour la première fois) et casse le collier que j'ai offert à ma mère et qu'elle portait jusque-là avec tendresse à son cou.

Quand ma mère m'apprend la nouvelle, je suis un peu triste de ne plus voir Paul. Je me suis sincèrement attachée à lui ! Preuve que rien n'est noir ou blanc dans la vie... Mais je l'accueille tout de même avec une grande joie : je sens bien que c'est un renouveau loin de la dictature d'un homme qui s'était placé en chef de famille despote. Je nous sens libres et ça fait un bien fou.

L'importance, pour commencer, d'évoquer les « vagues » qui suivent une rupture avec un pervers narcissique. Ma mère, avec son caractère optimiste, a très (trop) vite oublié les pires moments que nous avions vécus. Il a presque réussi deux fois à la faire changer d'avis, en lui disant notamment qu'elle ne trouverait personne d'autre comme lui… J'ai dû à chaque fois sortir l'artillerie lourde en lui rappelant quelques anecdotes bien senties. S'il avait fallu lui faire un Power Point de ses pires accès de folie, croyez bien que je l'aurais fait. Rompre définitivement avec un pervers narcissique n'est pas une mince affaire, raison pour laquelle une personne sous l'emprise d'un pervers narcissique rompt souvent plusieurs fois avant de couper définitivement les ponts. Oui, c'est déprimant. Preuve de la dangerosité de ce type de personnalité borderline…

La seconde leçon à tirer de toute cette histoire est l'importance de la parole. Pour préserver les proches et parce qu'elles sont souvent emplies de beaucoup de culpabilité, les personnes sous emprise ont beaucoup de mal à se confier à ceux qui les connaissent le mieux et qui veulent leur bien. Ceux qui pourraient leur donner l'amour et le soutien dont elles ont besoin pour partir.

Dans notre cas, c'est un peu plus nuancé. Je ne suis pas certaine que ma mère aurait été écoutée par son entourage, qui veut son bonheur et, donc, chasse les *red flags* pour se concentrer sur le positif. Chacun voit une situation sous son prisme (à partir de ses croyances et de son passé), et peu accordent du crédit au récit de ma mère face à cet homme tant respecté.

Aujourd'hui encore, lorsque ce chapitre de notre vie est évoqué, notre entourage prend cette histoire avec de la légèreté. Pas par méchanceté, bien au contraire. Plutôt par pudeur. Dans notre cas ce n'est pas bien grave, c'est ainsi, mais je pense à d'autres personnalités chez qui cela pourrait causer beaucoup de dégâts.

Ma mère sort de cette histoire à la fois fragilisée... et grandie. Fragilisée, parce que cet homme lui a donné un standard biaisé du comportement « normal » qu'un compagnon devrait avoir... Celui de mon beau-père suivant n'est franchement pas plus glorieux. Cette seconde histoire dure quatre ans. Comme quoi, se remettre d'un comportement comme celui-ci prend du temps. Aujourd'hui, tout va bien ! Malgré des petits retours en arrière parfois nécessaires pour mieux tester ses propres limites, ma mère a gagné une réelle confiance en elle.

C'est tout le paradoxe. Sortir de l'emprise d'un pervers narcissique demande beaucoup de courage. Beaucoup de confiance en la vie. Beaucoup de force intérieure. C'est se confronter à une épreuve et se voir seule capable de la surmonter. Alors, lorsque tout cela est derrière vous, non seulement le sentiment de liberté est grisant, mais vous vous sentez capable de tout ! Aujourd'hui, ma mère se sent inébranlable... et ça se ressent puissamment. C'est un très bel exemple pour moi, sa fille, et pour toutes les femmes qui se reconnaîtront dans cette histoire !

SI VOUS ÊTES TÉMOIN

Écouter avec beaucoup de bienveillance ce que votre proche a à vous raconter. Sans essayer de comprendre, de rationaliser. L'écoute, c'est une première porte ouverte vers le monde, un lien de reconnexion avec son entourage. Si une victime réussit à franchir ce pas (malgré sa boussole interne complètement déréglée, rappelez-vous), ouvrez-lui grand vos bras car il s'agit d'une première victoire. Un pas vers la libération, un autre vers la prise de pouvoir sur ses réflexions, ses choix.

SI VOUS ÊTES CONCERNÉ

Comment repérer un pervers narcissique ? S'en protéger ? S'en libérer ? Il existe de nombreux ouvrages sur le sujet. Dans un premier temps, je vous invite à consulter le site internet fourni et documenté : www.pervers-narcissique.com. La loi est de votre côté. La violence psychologique au sein du couple est considérée comme un délit depuis 2010. Pour recevoir une aide juridique, je vous invite à consulter le site internet https://avocats-femmes-violences.org/fr ou à appeler la permanence téléphonique les lundis, mardis et jeudis de 15 heures à 19 heures au 0820 20 34 28. Vous pouvez également consulter l'excellente BD de Sophie Lambda, ***Tant pis pour l'amour***, Éditions Une case en moins, 2019.

Parfois, un grand chagrin d'amour peut se transformer en grande énergie de création. Ma mère en est l'exemple au même titre que… Manu Payet !

MANU PAYET

Un premier chagrin d'amour

Les premiers pas de sa carrière, il les doit (entre autres choses) à une rupture amoureuse, la toute première. Vous savez, cet amour enflammé qui – vous en êtes persuadé – durera toute une vie et qui finit avec un petit cœur en lambeaux ? Après avoir fantasmé durant un an sur sa première petite amie, Emmanuel Payet n'a plus d'yeux que pour elle.

Il passe sa vie à tenter de continuer à la charmer, la faire rire... Ensemble, ils forment *le* couple de la classe. Celui qui fait un peu sa loi et qu'on admire secrètement.

« J'ai quinze ans, c'est mon premier grand amour. Je le prends très au sérieux ! Je me dis presque que je vais annoncer à mes parents que je m'en vais pour vivre en concubinage et leur demander s'ils peuvent quand même peut-être m'offrir un loyer parce que, bon, je suis en troisième.

"Maman, est-ce que ça ne t'embête pas de faire à manger pour moi et ma *femme* ?"

L'influence sur sa confiance en lui est alors énorme... Il se sent pousser des ailes. Leur jolie histoire de jeunesse dure un peu plus d'un an.

Et puis, d'un coup d'un seul, c'est la douche froide. Son amoureuse part avec un mec qui a un ou deux ans de plus que lui. L'autre, c'est un homme, il a une moto. « Moi, j'avais un petit scooter Rapido noir et gris. »

Et puis il a aussi des blousons en cuir, du poil au menton… la défaite est cuisante.

On sourit en lisant cette histoire, parce qu'elle est mignonne et qu'elle semble sans grande gravité. Mais pensez à votre expérience personnelle, l'importance de vos échecs passés dans votre capacité actuelle à être résilient, à rebondir rapidement. Lorsqu'on n'a jamais vécu d'échec… on ne sait pas réagir face à celui-ci ! Pour Emmanuel, donc, c'est le monde qui se dérobe sous ses pieds. Un immense chagrin qui le laisse complètement désemparé.

Si bien que pour avancer, il décide de partir et d'aller dans un internat en Afrique du Sud, un très grand changement pour lui qui est né à La Réunion ! Là-bas, il découvre la musique, le spectacle, et se réinvente. Loin du regard des autres, il s'oblige à sortir de sa zone de confort, et découvre la scène. Pour lui, c'est une évidence : ce gros chagrin lui permet de vivre sa vie pour lui. Rien que pour lui. Et l'oblige à s'épanouir autrement que dans le regard des autres, d'*une autre*, en l'occurrence. La suite, vous la connaissez : Emmanuel devient Manu et découvre sa vocation à la radio puis enchaîne les salles combles avec son *one man show* et les plateaux de cinéma… rien que ça.

MARINA ROLLMAN

Délocaliser son estime de soi pour la placer entre les mains d'un autre

L'amour, pour se découvrir... ou pour tester ses limites. Les contours de son ego. Parfois, se prendre un mur, ça fait du bien pour se recentrer : savoir non seulement ce dont on a besoin, mais aussi ce que l'on apporte sur la table de la relation ! C'est de ça qu'on a débattu avec l'humoriste Marina Rollman. Marina est de celles qui ont une intelligence sociale. Un tempérament qui l'aide depuis toute petite à se frayer un chemin parmi ses camarades. Sans être la reine du lycée, elle sait bien s'entourer sans grande difficulté...

Et justement, la difficulté ici, c'est le mot-clé. Entre ses parents aimants qui la soutiennent peu importe l'issue – « Tu as raté ton examen de maths ? Mais de toute façon, c'est nul, les maths ! » – et les copains qu'elle se fait partout où elle va, la jeune Marina a l'impression qu'elle peut conquérir le monde sans l'ombre d'un effort. Bosseuse ? Mais pour quoi faire ? C'est une relation amoureuse, au cœur d'une période un peu flottante, qui va lui remettre les deux pieds sur terre.

L'histoire coïncide avec la venue de la Suissesse en France, pour y poursuivre ses études supérieures. À l'époque, c'est un énorme changement : tout est nouveau. Le pays, les études, les amis... Rapidement, Marina abandonne son cursus, cherche sa voie. Et puis elle rencontre un jeune homme par l'intermédiaire d'amis en commun. Pour elle, il représente un pilier, une stabilité dont elle a bien besoin dans tout ce flou artistique.

Mais pour la première fois de sa vie, et même s'ils se plaisent mutuellement : elle ne l'impressionne pas. Et c'est sacrément déroutant, déstabilisant, même. L'humoriste est plutôt du genre à mener les garçons par le bout du nez, pas l'inverse. « J'avais probablement accumulé un mauvais karma depuis le temps », ironise-t-elle !

L'un et l'autre ne sont pas sur la même fréquence, ne se comprennent pas, ont des difficultés à réellement se « rencontrer ». Alors, toute perturbée qu'elle est par cette relation qui est aux antipodes de ce qu'elle a connu auparavant, elle fait tout pour lui plaire, quitte à ne plus être elle-même. Comme pour se rassurer, confirmer sa valeur, son importance, sa propension à être aimée.

« J'attends sa réaction pour valider – ou non – chacune de mes actions. »

Soyons clair, il n'y a aucun coupable dans cette relation : seulement deux personnes qui n'arrivent pas à accorder leurs violons. Marina, de son côté, projette énormément de choses sur ce jeune homme, d'attentes sur leur relation. Elle lui donne, en quelque sorte, les clés de sa confiance en elle, et lui laisse la liberté d'en disposer comme il le souhaite.

Pourquoi cherche-t-on toujours à remettre son bonheur entre les mains de quelqu'un, dites ? Alors que la seule relation qui vaille, et dont on est certaine qu'elle durera toute la vie, est avec nous-même. La raison se trouve bien souvent dans l'enfance. Un père ou une mère absent. Des parents qui ont des difficultés à vous dire « Je t'aime », il y a beaucoup d'éléments intéressants, à travailler en thérapie, pour comprendre d'où vient le besoin d'être validé par l'extérieur.

Je le sais bien, c'est le grand chemin d'apprentissage de ma vie ! Je peux être encensée pour mon travail, avoir les meilleurs amis de la terre, me sentir bien dans mes baskets et « à ma place »... les paroles de l'homme avec qui je suis auront tout de même la faculté de me faire chuter d'un immeuble de quinze étages. Attention à l'atterrissage !

Et entre nous, rien que de l'écrire ici me met en colère. De quel droit peut-il disposer de mon bien-être et – par-dessus tout – de ma confiance en moi aussi facilement, hein ? Parce que, inconsciemment, je lui en donne la permission. Tout simplement. La fautive est toute trouvée : c'est moi et moi seule. Parce que je ne me donne pas tout l'amour que je mérite, et qu'il appartient donc au monde extérieur de combler (ou pas) mon cœur pour moi.

Ça vous semble cliché ? Transposez le concept dans un tout autre domaine. L'alpinisme, par exemple. Imaginez un peu la scène : vous vous entraînez très régulièrement et de façon graduelle pour gravir la face nord du Mont-Blanc. Ce jour-là, vous n'atteignez pas le sommet pour tout un tas de raisons : la météo, vos coéquipiers, votre équipement défaillant, votre manque de sommeil... Vous êtes déçu, évidemment. Mais est-ce que cela vous fait oublier toutes vos victoires passées, quitte à vous traiter de nul, incapable du moindre exploit ? Non. Parce que vous savez ce dont vous êtes capable, les belles choses que vous méritez. En d'autres termes : ce que vous valez.

Pas besoin, donc, de se tourner vers l'extérieur pour le confirmer. En amour, et parce que cela touche à l'intime, au petit enfant intérieur que l'on abrite tous en nous, les émotions brouillent parfois un peu trop les cartes. Quitte à nous faire perdre notre part de rationalité, d'esprit critique... Tout le travail est de prendre conscience des pensées limitantes que nous avons. Pensées à l'origine de ces émotions qui chamboulent tout sur leur passage.

Dans le cas de Marina, au bout d'un an et après quelques allers-retours, la rupture est définitive. La raison ? Elle a beau aimer ce jeune homme, elle voit bien qu'elle est sans cesse dans l'attente, l'angoisse... sans jamais y trouver son compte. Le ratio est trop déséquilibré pour ne pas s'en rendre compte au bout d'un certain moment.

Et puis, cela coïncide avec un nouveau travail qui la passionne, et qui lui fait prendre conscience qu'elle a de l'importance hors de sa relation. Un peu d'air frais, de perspectives excitantes et de confiance en soi regagnée en ouvrant grand les bras au renouveau et en comprenant qu'elle séduit à nouveau. Seulement pas la bonne personne. Aujourd'hui, l'humoriste regarde cette histoire avec beaucoup de bienveillance, prenant conscience de l'importance d'avoir été dans une relation où tout n'est pas

« du tout cuit ». De quoi savourer ses relations amoureuses suivantes à leur juste valeur.

PETITS TRUCS POUR AVANCER APRÈS UN ÉCHEC AMOUREUX

Voir les amis qui nous font du bien. Seulement ceux qui nous font du bien. ☺

Écrire tout ce qu'on n'a pas pu dire au cours de la relation passée puis supprimer ses écrits.

Se rappeler qu'on a été aimé, qu'on le sera donc à nouveau. On se rappelle qu'on n'a pas encore rencontré toutes les personnes que l'on va aimer dans sa vie. Et ça, c'est beau.

Se connecter avec l'instant présent : faire un gâteau, de la danse, de la peinture, bref une activité qui demande de se concentrer uniquement sur ce qu'on est en train d'accomplir... pour ne pas laisser son esprit divaguer dans le pays du Mordor de la relation amoureuse.

S'offrir un cadeau de rupture, le regarder tous les jours en se disant qu'il est signe de renouveau.

BÉRENGÈRE KRIEF

Rompre ses fiançailles et se découvrir grâce au voyage

L'humoriste et actrice le reconnaît volontiers : elle est une amoureuse de l'amour. Bérengère enchaîne les relations longues en passant d'un amoureux à l'autre, sans réelle période de célibat. Dans sa construction d'adulte, tout se fait en réfléchissant « pour deux ». C'est du moins encore le cas lorsqu'elle fête ses trente ans, entourée de ses proches et de son homme.

À ce moment-là, tout lui réussit : sa carrière décolle, son couple est digne d'une comédie romantique… D'ailleurs, pour son anniversaire, l'heureux élu lui organise une fête surprise et l'emmène à New York. Là-bas, sur une barque en plein Central Park… il lui fait sa demande. Richard Gere et Hugh Grant peuvent bien aller voir ailleurs, ils ont été détrônés ! Bérengère ne s'y attend pas du tout. Sur le moment, elle est très flattée. Sa première pensée est de se dire : « J'ai hâte d'en parler aux copines », mais elle ne s'est jamais posé la question du mariage.

Est-ce que, d'ailleurs, elle a réellement envie de se marier ? Pas le temps de se pencher sérieusement sur le sujet. Hyper-heureuse, elle l'annonce tout de suite au téléphone à ses parents. Leur première réaction est la sidération. Après tout, ils ne sont ensemble que depuis un an. C'est rapide.

L'organisation ne se révèle pas une partie de plaisir pour les deux. Elle, qui n'en a jamais rêvé, ne sait pas ce qu'elle veut : il faut choisir une robe, un lieu, de la déco... c'est assez fastidieux. La dimension stressante de l'organisation prend peu à peu le pas sur le bonheur de se marier tous les deux. Elle sent bien que son amoureux commence à se dégonfler. « Si on n'est pas dedans, on annule, on n'est pas à deux semaines du mariage où tout est impossible à annuler ! »

Elle a évidemment envie de connaître la raison des doutes de son partenaire mais n'ose pas réellement creuser parce que c'est tellement de pression de se dire : « Jusqu'à ce que la mort vous sépare » ! Alors, oui, elle le comprend, parce qu'elle aussi... elle a la trouille. Face à la sophrologue qui lui demande, lors d'une séance, quels sont les projets du couple, le doute se dessine. « Lui ne veut pas d'enfant. Bon, on a trente ans, aujourd'hui il ne veut pas d'enfant mais il changera probablement d'avis. » « Attendez, lui répond la sophrologue, c'est un engagement à marcher dans la même direction. Si ce n'est pas le cas, ça ne sert à rien de se marier. »

« Tout d'un coup, je réalise ce qu'est l'engagement du mariage, et que c'est loin d'être une fête à un moment donné. C'est bien plus que ça. »

Bérengère souffre lorsque leur histoire s'étiole, elle s'est accrochée très fort au scénario de vie qu'on lui promettait. C'est la rupture, et une nouvelle vie « solo » qui commence pour l'humoriste, elle qui ne sait pas être seule.

Tout est à reconstruire, à commencer par travailler sur ses idées reçues sur l'amour, le couple, la vie à deux. Elle se sent complètement paumée lors de ses premières vacances de célibataire. Elle va où ? Elle fait quoi ? Elle qui a l'habitude de penser à deux, pour deux.

Bérengère découvre finalement que le célibat apporte aussi beaucoup de joie. Le luxe de ne penser qu'à soi, d'écouter ses besoins, ses envies, de se sentir libre et vivante. Une page blanche du livre de sa vie sur lequel écrire son histoire comme elle l'entend.

Pour elle, cela prend forme *via* des voyages en solo. D'abord Londres, une ville qu'elle adorait avec son ex, histoire de se prouver qu'elle peut en profiter sans lui, une manière d'exorciser aussi, de se réapproprier sa vie. Elle se découvre une passion pour la nature, la randonnée, les grandes étendues, alors que son ex-fiancé ne jurait que par les grandes villes.

Quelque temps plus tard, l'actrice et humoriste se met en couple avec un autre homme. L'histoire est passionnelle, ils se quittent, se rabibochent, et ainsi de suite. Après une séparation durant l'été, accompagnée d'un silence, celui qui a été son compagnon pendant plusieurs mois revient de manière théâtrale… Il sonne à sa porte, enceinte Bose posée au sol, dégaine des pancartes imprimées comme dans *Love Actually* ! « Je suis désolé », « J'ai pris peur », « Tu es la femme faite pour moi », et ainsi de suite. Bérengère est sous le charme et lui redonne une chance, des paillettes plein les yeux de ce retour digne de la plus iconique

« J'étais un vrai terrain en jachère. À trente ans, il était temps de planter des choses pour moi... »

des comédies romantiques. Elle en parle à toutes ses copines. Quant à lui, il se montre plus investi durant un mois et... finit par rompre par e-mail. La grande classe.

Elles sont passées où, les pancartes *Love Actually*, hein ?! Bérengère insiste pour clôturer cette histoire autour d'un verre, comme deux adultes responsables. Comble du comble : il lui fait faux bond. Elle ne peut s'empêcher de s'interroger... Encore un homme qui a essayé de lui mettre des paillettes plein les yeux façon Disney. Quel est le dénominateur commun de toutes ces histoires ? C'est elle ! Il est grand temps de se poser sur sa part du contrat.

Avec le recul, Bérengère reconnaît sa part de responsabilité. Plus largement, après une rupture, lorsqu'on s'épanche sur les raisons de la séparation, on ne parle que des défauts de l'autre, de ce qui nous a rendus malheureux. Et notre responsabilité à nous, dans tout cela ? Après tout, on choisit bien souvent l'autre en fonction de ce qu'il nous apporte, des besoins qu'il vient combler ou de la blessure qu'il vient réveiller.

« Soit tu mets ça sous le tapis et tu répètes l'histoire, soit tu décides de faire face à tes blessures et à les guérir pour avancer et rencontrer quelqu'un de manière apaisée. » Pour Bérengère Krief, la période de remise en question est assez violente. Elle vient de jouer la dernière date de son spectacle après sept ans à le défendre sur scène. Son calendrier est vide de chez vide pour les prochains mois, elle suffoque et ne se sent pas à sa place, décide de partir, et si possible... loin. Bingo, l'une de ses amies partie vivre en Australie lui propose de la rejoindre quelques jours. C'est décidé, elle part un mois en road trip en Nouvelle-Zélande avec une petite escale pour voir sa copine. Avec sa famille hyper-protectrice, son passé de « nana toujours en couple », un mois de vacances en solo, c'est inédit. Évidemment, elle enchaîne les erreurs de débutante. Elle attend presque la permission de s'autoriser tous les coups de folie, de vivre son voyage au gré de ses envies. Et puis un déclic intervient.

La ville dans laquelle elle doit passer la nuit ne lui plaît pas. Un contact Instagram lui écrit pour lui proposer de séjourner quelques jours chez de super potes. Cinq minutes pour se décider à les appeler plus tard, la voici en route vers une autre ville, pour quelques nuits chez de parfaits inconnus. Mais son instinct la pousse à y aller. Elle fait du surf, du paddle, s'entend à merveille avec ses colocataires de trois jours. Bérangère vit sa meilleure vie.

Sortir de sa zone de confort, prendre des risques, ne pas se laisser submerger par la peur mais plutôt par l'instinct, autant de leçons incroyables apprises durant ce voyage solo, que Bérangère ressent encore aujourd'hui. Ce voyage l'a empouvoirée.

Être capable d'être heureuse seule : check.
Être capable d'oser : check.
Se sentir libre : check.

Si on lui avait dit, avant de prendre son vol direction New York City, qu'elle vivrait toutes ces aventures, eh bien…

Comme quoi, la vie est souvent bien plus créative que vous. Et elle vous envoie dans des recoins de votre cœur que vous auriez pourtant voulu laisser en jachère. Bérengère n'a pas eu la relation parfaite digne d'un Walt Disney dont elle rêvait… Mais elle a tant grandi et pris confiance en elle que le jeu en valait tout de même la chandelle.

On ne peut pas vraiment blâmer l'humoriste et comédienne d'avoir des rêves de destin de princesse. Il n'y a qu'à voir l'impact de la pop culture sur notre vision de l'amour. Est-ce que ça vous arrive, à vous aussi, de grincer des dents en revoyant de vieilles comédies romantiques archi-stéréotypées ? Ce n'est pas Pénélope Bagieu qui dirait le contraire.

PÉNÉLOPE BAGIEU

L'amitié avant l'amour

Tout commence par une histoire d'amitié, un peu comme celle que je vous ai précédemment racontée. La dessinatrice de BD, lauréate du prix Eisner (le plus grand prix international de bande dessinée, excusez du peu), se fait, durant l'adolescence, une meilleure amie. Elles sont fusionnelles, inséparables, passent leur vie ensemble sans personne d'autre. C'est aussi l'époque à laquelle Pénélope connaît son premier amour.

Deux ou trois mois après leur premier baiser – une éternité lorsqu'on a seize ans ! –, son amie cherche à embrasser le *boyfriend* de la dessinatrice. Il lui en fait tout de suite part. Le lendemain soir, alors qu'elle l'appelle, l'air de rien, pour décider de l'heure à laquelle se retrouver avant les cours, Pénélope se montre lapidaire. « Bah non. Et je pense que tu en connais très bien la raison. »

Son ami rit jaune, ne sait pas quoi répondre. Pénélope raccroche et puis plus rien. Elles ne se sont... plus jamais parlé. Pénélope est furieuse, en colère, se sent trahie. Bien sûr, à seize ans, rares sont les amours qui durent toute la vie... Quatre mois plus tard, c'est fini entre son copain et elle. Et la personne qui lui manque le plus entre les deux, c'est sans conteste sa meilleure copine. Elles sont dans le même collège, se croisent en s'ignorant, s'empressent l'une et l'autre de se trouver une nouvelle confidente.

Les années ont passé, et la réalité est implacable. Oubliée la mini-embrouille, seuls les bons souvenirs restent, les fous rires, les soirées interminables qui se prêtaient à toutes les confidences. Aujourd'hui, l'autrice porte un regard doux et nostalgique sur une belle histoire d'amitié qui s'est bêtement terminée.

Quelques années plus tard, l'histoire se reproduit à peu près à l'identique. Pénélope crushe, le jour de la rentrée à l'université, sur une nana qui s'installe à côté d'elle. Elles rient à en pleurer et deviennent immédiatement inséparables. Il y a un garçon qui lui plaît depuis quelque temps, elle en parle à longueur de journée à son amie. Sauf que... son amie se révèle plus rapide qu'elle.

Cette fois-ci, Pénélope Bagieu affronte son amie, cherche à comprendre. Celle-ci est piteuse, mais elles ne se parlent plus, se croisent en regardant ailleurs. Le garçon en question ? La bédéiste l'oublie bien vite. En revanche, la complicité avec son ancienne acolyte lui manque sérieusement.

À la fin de leurs années d'études, elles se rencontrent par hasard dans la salle de la photocopieuse. Toutes deux sont gênées, se sourient timidement. Peut-être est-ce dû au fait qu'elles n'auront plus d'occasion de se croiser par la suite, mais après quelques échanges sans grand intérêt, elles décident d'aller prendre un café. Pénélope a mûri, elle a moins d'ego et de fierté – parfois – mal placée. « Tu t'apprêtes très bêtement à perdre à nouveau une belle amitié alors qu'elles sont rares », se dit-elle.

Leur café se transforme en rattrapage intense de toutes ces années sans se parler, le verre s'étire des heures. Elles prennent conscience qu'elles se sont beaucoup trop manqué. Et elles sont toujours les meilleures amies aujourd'hui.

Si l'autrice retient une belle leçon de ces deux histoires, c'est qu'elle a bien fait de ravaler son ego, au prix d'une amitié solide sur la durée. Elle qui s'est toujours positionnée du côté des protagonistes masculins se questionne aujourd'hui. Les séries B de notre adolescence nous ont appris, saison après saison, que les femmes devaient se positionner comme des rivales. À aucun moment Pénélope ne questionne la parole des hommes, la faute est inévitablement du côté de son amie. Et si la vérité était bien plus grise qu'il n'y paraît ? Est-ce que l'histoire aurait été la même si les deux amis avaient été des hommes ? Pas certain.

D'ailleurs, la majorité des mecs qu'elle a connus n'ont été que de passage, les grandes amitiés, en revanche, sont les ciments de sa vie. Et si on ne regardait pas au bon endroit à force de vouloir absolument trouver l'âme sœur ? Et si les âmes sœurs de notre vie étaient… nos amis ? Piétiner les fous rires, les confidences, le soutien sans faille année après année pour quelque chose qui n'est pas gravissime… non.

Passé trente ans, avec une vie ultra-remplie, une famille qui, potentiellement, s'agrandit… il devient tout bonnement impossible d'arroser des amitiés à l'infini. Celles et ceux qui sont là depuis longtemps et qui connaissent absolument tout de votre parcours sont précieux et méritent autant d'attention qu'un amoureux.

Aujourd'hui, Pénélope Bagieu pense d'ailleurs qu'elle se positionnerait du côté de sa meilleure amie. La parole de cette dernière, qu'elle a rencontrée sur les bancs de la fac et connaît depuis vingt ans, a plus d'impact que celle d'un amoureux de quelques mois, quelques années. Comme quoi, la misogynie intégrée qui positionne forcément les femmes en tant que rivales est peu à peu en train de s'effacer !

SANDRÉA

Divorcer n'est pas un échec, rester dans un mariage malheureux… Si

La youtubeuse et créatrice de contenus aux millions d'abonnés naît dans un foyer soudé. Elle fait partie des chanceux qui grandissent avec une vision du couple « idéal » : ses parents sont ensemble depuis trente-sept ans, amoureux comme au premier jour… On est tous conscients qu'il s'agit d'une vraie chance de vivre dans un cocon durant l'enfance, de ressentir de l'amour autour de soi. Et à la fois, on sous-estime peut-être aussi l'impact que cela a sur notre vision du couple. Je me souviens d'une amie me racontant le poids écrasant d'avoir des parents amoureux depuis leurs seize ans. Elle en a trente lorsqu'elle me confie cela et le sentiment d'être une ratée, à enchaîner les relations bancales.

Dans le cas de Sandréa, l'inconsciente pression vient probablement surtout de son éducation religieuse. Pour elle, un mariage doit perdurer malgré les orages, coûte que coûte.

Elle qui rêve d'un mariage en grand ne se marie pas du tout dans les conditions imaginées : pas de robe blanche, pas de réception, juste un mardi après-midi à l'hôtel de ville avec son compagnon. Pour ne pas regretter, elle se crée toute une mythologie : l'anti-conventionnel comme preuve d'un romantisme fou. L'anti-conformisme pour se libérer des convenances et des injonctions.

Je ne pourrais que trouver tout cela génial si Sandréa n'était pas déjà en train de douter, avec une petite voix qui tient plus à s'accrocher à l'idée de construire un couple solide, plutôt qu'à être certaine qu'il s'agit du « bon ».

Mais, follement amoureuse, et bien décidée à prouver le contraire à tous ceux qui doutent de son mari dans son entourage proche (et il y en a), Sandréa s'entête. Elle veut leur montrer qu'ils ont tort, qu'elle s'est mariée pour les bonnes raisons. Elle a vingt-deux ans et est un peu tête brûlée, comme on l'est tous à la sortie de l'adolescence !

Son mari militaire s'envole quatre mois plus tard, direction l'Afghanistan. Elle qui est partie le rejoindre aux États-Unis se retrouve seule. Son retour ne change pas grand-chose au sentiment de solitude qui s'installe progressivement... Pire, il lui semble impossible de se reposer sur son conjoint, de pouvoir compter sur lui.

Pour tenir, elle se forge un caractère « intouchable », en devient presque rigide, toujours le sourire aux lèvres, qu'importe la situation... Loin de ses proches, la jeune femme finit par craquer à la naissance de sa fille. Elle fait une dépression *post-partum*, se sent vidée, totalement vidée. La créatrice de contenus se met en pilote automatique durant cinq ans.

La jeune femme a conscience de sa chance : elle travaille avec des marques prestigieuses, voyage beaucoup, vit de sa passion. Alors comment se plaindre ? Elle se trouve ingrate, n'ose pas évoquer son mal-être avec sa communauté, se réfugie dans le travail... Jusqu'à ce qu'un événement totalement imprévu et d'ampleur mondiale l'oblige à se poser un instant. Vous avez deviné de quoi il s'agit ? Elle qui opère depuis quelques années une véritable fuite trouve enfin le temps d'accepter ses émotions, d'en prendre soin, même. Et une réflexion vient à surpasser toutes les peurs, toutes les certitudes : le seul réel échec de sa vie serait de rater l'éducation de sa petite fille : « Lui montrer une fausse réalité, une image erronée de ce qu'est un couple, un mariage, une mère heureuse. »

Pour Sandréa, c'est l'idée même de rester dans un mariage pour des principes désuets qui est à déconstruire : « J'aurais été égoïste d'ignorer les répercussions que cela aurait engendré sur ma fille. » La décision n'en est pas moins dure à prendre. C'est très violent de se confronter à l'échec, et encore plus dur lorsqu'on a longtemps fait preuve d'un peu trop de fierté pour oser s'avouer qu'on a pris la mauvaise décision.

On parle souvent des déclics pour réussir à commencer le changement. Je crois beaucoup plus à la goutte d'eau qui fait déborder le vase, aux petits éléments qui, mis bout à bout, construisent le puzzle mental d'un schéma que l'on ne veut plus, qui ne nous convient plus. Dans le cas de Sandréa, parmi toutes les gouttes, une phrase d'un de ses amis résonne encore. « Tu sais, on accepte l'amour qu'on pense mériter. » La youtubeuse comprend alors qu'elle mérite mieux, et surtout, qu'elle ne veut plus se résoudre à accepter un amour qui ne lui convient pas.

Lorsqu'elle l'annonce à sa communauté, elle reçoit un flot de messages sur ses différents réseaux sociaux... Mais surtout, beaucoup de questions. « Comment savoir si c'est la bonne décision ? » s'interroge l'un. « Comment être certain qu'on se dirige vers le bon chemin ? » s'enquiert l'autre. Pour Sandréa, le sentiment immense de soulagement balaye tous ses doutes. Plus étonnant encore, elle, qui est insomniaque depuis de nombreuses années, qui a tout tenté : les médicaments, le CBD... dort à présent comme un bébé.

« J'ai l'impression d'avoir vécu dans l'eau pendant tellement longtemps… Et d'un coup, d'un seul, d'avoir levé la tête et réalisé qu'il y avait peu d'eau avant d'atteindre la surface. C'est l'un des accomplissements les plus incroyables de ma vie. J'ai réalisé tellement de choses sur le monde qui m'entoure, sur les gens. Aujourd'hui je fais preuve de beaucoup plus d'empathie et de tolérance. »

En d'autres termes, prenez soin de vous, de vos ressentis et de vos besoins comme s'il s'agissait de ceux d'une amie précieuse. Une amie à qui vous ne souhaitez que le meilleur, parce qu'elle le mérite.

TRAVAIL

[tʁa.vaj] n.m.

Done is better than perfect.

« Je ne retournerai pas au boulot lundi. » J'ai attendu le dernier moment, tant cette situation me semble impensable, irréelle. Pourtant, les yeux rougis, les cernes jusqu'au menton, je viens de dire cette phrase tout haut… La rendant concrète. Nous sommes jeudi soir, et je ne vais pas retourner au boulot, ni demain, ni lundi. Moi qui aime mon travail, qui ai la chance d'avoir des supérieures à l'écoute, je me suis pourtant retrouvée entraînée dans le tourbillon violent du burn-out. Moteur de secours automatique activé. Respirer, marcher, manger, dormir. Rien de plus.

C'est très pernicieux, un burn-out, ça vient comme une lame de fond avec des symptômes décorrélés les uns des autres. Un jour, ça va mieux, on se dit qu'on est capable de remonter la pente, le lendemain, c'est pire. Je viens de vivre un deuil très douloureux, durant lequel on m'a bien conseillé de reprendre vite le travail, de ne surtout pas trop penser. À chaque fois que j'ai tenté un « Mais… », on m'a répondu : « Chut. Fais-nous confiance. »

Les premiers temps, je commence à aligner les erreurs d'étourderie. À chaque fois que j'en prends conscience, à l'intérieur, c'est tout un système de mise sous pression qui s'enclenche. Chaque bourde me fait petit à petit perdre confiance en moi, descendre d'une marche, puis encore une et encore une jusqu'à la cave. Parce que je suis épuisée moralement, et que ma boussole interne cesse de fonctionner correctement.

Et puis vous savez comment ça fonctionne, en perdant confiance en soi, on perd son pouvoir le plus précieux : son instinct. J'oublie tout ce que l'on me dit, n'ose pas aller au bout de mes idées. Chaque faute donne lieu à une remise en question, avec des petites phrases d'une violence inouïe qui ne prennent jamais congé de ma tête.

Tu n'es pas capable de faire une seule tâche correctement.
Tu n'es pas à la hauteur des autres.
Ne t'écoute pas, ton jugement n'a pas de valeur.
Aujourd'hui, tu as intérêt à remonter la pente, à faire mieux, à faire plus vite, plus fort pour rattraper les erreurs d'hier.

Je commence à me réveiller toutes les nuits à minuit, à 3 heures et à 6 heures. Comme un zombie, en étant persuadée d'avoir raté l'heure du réveil.

Comme ma tête est pleine à craquer, et que de toute évidence, le message n'est toujours pas passé, mon corps décide de s'y prendre autrement… je me réveille un matin avec le dos bloqué. L'impression de porter un cintre Zara à la place des omoplates. Chouette. J'ai lu quelque part un article intéressant sur les douleurs psychosomatiques, dans ce cas-ci par exemple, on pourrait dire que j'en ai « plein le dos ». Que mon stress est trop lourd à porter… Évidemment, aujourd'hui que tout est clair, je le vois bien, moi aussi, qu'il s'agit d'un signe flagrant, d'un lien facile à établir. Mais à l'instant T, lorsque votre esprit est constamment occupé à vous dénigrer, il n'a plus le temps ni l'énergie de vous alerter. Et puis un jour, je pleure en pleine réunion. Ce n'est plus possible. Ma supérieure me propose de prendre du temps pour moi, elle est si compréhensive que… j'en culpabilise !

Et me voici donc, un jeudi soir, dans une crêperie, en train d'affirmer avec beaucoup d'aplomb à mes proches que je suis incapable de revenir un jour au travail. L'idée même me semble être de la science-fiction. Prendre le métro, me retrouver face à mon ordinateur, écrire, ce n'est plus possible. Plus jamais. Et puis, *pfiou*, dès le début de mon congé maladie, après quelques nuits d'un vrai sommeil réparateur, toutes les perspectives, les couleurs, les reliefs reviennent ! Magie ? Non. Seulement en lâchant prise, en me décontractant au sens propre comme au figuré, je donne un grand bol d'air à mon organisme… Avec mon dos rouillé et mon corps tout crispé, mon cerveau n'est pas assez oxygéné. Je ne réussis pas à réguler mes humeurs comme il le faudrait, encore moins à gérer mon stress convenablement. Si je suis encore épuisée, je reprends en tout cas figure humaine, il est temps… Un travail régulier avec une psychologue en qui j'ai toute confiance et des micro-challenges à accomplir pour reprendre confiance en moi feront le reste. Petit à petit, pas à pas.

Un burn-out comme celui-ci est malheureusement devenu d'une normalité déconcertante. Combien de personnes l'ont expérimenté dans votre cercle rapproché ?!

SAMAR SERAFI DE BUTAFOCO

Vivre l'instant présent pour se remettre de son burn-out

Samar Serafi de Butafoco, plus connue sous le nom « Une Libanaise à Paris », l'a vécu, elle aussi. Journaliste culture et politique, Samar crée son blog mode en 2010, en pleine Révolution arabe. Parce qu'après une journée à traiter une actualité brûlante, tendue, violente, elle a grand besoin de s'évader. Sans même qu'elle l'ait espéré, son blog prend une ampleur phénoménale... jusqu'à rapidement devenir l'une des figures de proue de la nouvelle ère fashion. Invitée à de nombreux défilés, côtoyant tous les grands noms de la mode, tout en gardant l'esprit libre, et, par-dessus tout, en ne se prenant jamais la tête : Samar est à sa place. Pourtant, après des années à admirer et questionner la mode des autres, l'envie de créer sa propre marque sonne comme une évidence.

Samar a ses conditions, et c'est non négociable. Elle ne veut pas être le visage, la porte-parole d'une marque qui lui échapperait. Elle veut en être l'unique actionnaire, imaginer et concevoir ses idées créatives de A à Z. Sauf que... l'aventure se révèle plus intense qu'elle ne l'a imaginé. Qu'importe, elle investit toutes ses économies personnelles et crée sa marque de vêtements éthique et responsable : Das Mot.

Imaginez la pression monstre d'avancer sans filet, alors que toute sa vie durant, en fuyant le Liban et en travaillant d'arrache-pied, elle a cherché à se mettre à l'abri. À se garantir une sécurité. Continuer à travailler à côté pour s'assurer un revenu est un sacré challenge. Épuisant, surtout. Samar ne s'écoute pas, reporte les vacances, les jours off, les moments rien qu'à elle. Jusqu'à relâcher la pression uniquement durant son sommeil. Et un jour… c'est le burn-out.

L'entrepreneuse n'arrive plus à faire face. Tout va trop vite, elle panique. Supprime son blog ainsi que l'intégralité du contenu qu'elle a mis des années à créer. Plusieurs articles fleurissent pour saluer ce geste « courageux », ce coup de tête « rock ». Sauf qu'en réalité, Samar agit sous le coup d'un stress intense, incapable de prendre le moindre recul, se rend compte qu'elle a probablement fichu en l'air de nombreux souvenirs dans la foulée, s'en veut. C'est l'élément déclencheur.

Pendant des semaines, elle met son téléphone en sourdine et part sur la terre de son enfance se ressourcer. Elle s'oblige à vivre au jour le jour, sans rien planifier. Elle dort énormément, commence le yoga pour apprendre à respirer à nouveau et tente une activité sportive qui l'a toujours fait rêver : le surf. Bingo, ça fonctionne. Des heures dans l'eau, à devoir garder un équilibre fragile, à ressentir qu'on est bien peu de chose… pour garder la tête hors de l'eau, au sens propre, on n'a pas le temps de réfléchir à ses angoisses. On ne fait que vivre l'instant, l'énergie dépensée est ultra-positive et le soir, miracle : plus d'insomnie ! Dieu que c'est bon.

En rentrant à Paris, elle modifie radicalement sa façon de concevoir son quotidien : un pas devant l'autre, et c'est tout. Rien n'est important… si ce n'est la santé. À chérir comme votre bien le plus précieux.

Et moi aussi, je dois dire que cela a complètement bouleversé ma façon de m'écouter… Je comprends enfin que mon corps est un sacré allié, qui cherche à me mettre en garde constamment par des petits soucis médicaux (un dos bloqué, une entorse…). Malgré moi, je me mets à devoir l'écouter, le reconnecter avec mon esprit. Et un changement plus profond que je ne peux l'imaginer se met en place… Je commence à être tout bonnement incapable de travailler de la manière dont je l'ai toujours fait : en disant oui à tout. Même quand la situation est en désaccord avec mon « moi » profond. Je me retrouve à dire « non » à des missions pourtant bien payées parce que mes tripes m'envoient un message : « Cela ne te convient pas, écoute-toi. » Résultat : concrètement ? Moins d'argent ! (Pas de miracle.) En revanche, je gagne une certaine sérénité, et elle est la bienvenue.

Savoir dire non, tout un concept. Si vous êtes né avec cette option, je ne peux qu'applaudir vos dispositions ! Dans ma famille, très ancrée dans une certaine vision de l'éducation judéo-chrétienne, le mot « non » a longtemps été inconcevable… vulgaire même. Il faut être de bonne composition. Et cela en a fait des dégâts de génération en génération.

PAULINE LAIGNEAU

Un parcours sans faute (ou presque)

Pauline Laigneau est la fondatrice de la marque de joaillerie innovante Gemmyo.

Dès l'enfance, elle a de grandes facilités à l'école. Du genre bonne élève… et naturellement travailleuse. Probablement sa manière à elle de montrer à ses parents qu'elle les aime et qu'elle cherche à les rendre heureux en filant droit. Le système scolaire français est fait ainsi : vous n'êtes pas poussé à exprimer vos particularités mais plutôt à tout miser sur ce qui peut vous faire rentrer dans le moule. C'est dramatique… pour les mauvais élèves comme pour les bons.

Pauline a accepté de m'écrire sa vision des choses sur l'échec le plus marquant de sa vie, celui qui lui a fait prendre *le* virage :

It's only the beginning

« Pendant longtemps, je cherchais à tout prix à cocher toutes les cases. Notamment à l'école : la première de classe, celle qui réussit tous ses projets ☺

Dans ma lancée, j'ai donc choisi d'intégrer des écoles prestigieuses pour faire plaisir à papa maman. Du coup, je travaille énormément et finis par intégrer Normale Sup. Non contente de m'arrêter là, je décide de me tourner vers l'ENA. Le Graal ! Encore une fois, je me donne corps et âme dans la préparation du concours. Et puis, vient le jour de l'oral pour intégrer l'école de mes rêves. J'arrive devant le jury et les trente personnes qui composent le public. Je fais ma présentation, les jurys délibèrent et... la note fatidique tombe : 2/20. Un échec total et public. L'une des pires humiliations de ma vie. Moi qui avais toujours cherché avec obsession le 20/20 et l'approbation des autres, j'avais l'impression que le sol s'écroulait sous mes pieds.

Une fois l'oral terminé, je demande qu'on m'explique cette note terrible : on me dit que ma place n'est pas dans cette école, que je ne suis pas faite pour la fonction publique. Cette vérité a pour moi l'effet d'un coup de poing. Après des semaines d'introspection et une profonde remise en question, je commence à me faire à l'idée que cela fait dix ans que je vis pour les autres. Pour « faire plaisir ». Et qu'il est temps de vivre pour moi. De faire ce qui m'anime vraiment. Aussi surprenant que cela puisse paraître, cet échec (et la frustration immense qui en a découlé) m'a permis de prendre un virage à 180 degrés.

En ratant ce concours, j'ai pu donner du sens à ma vie. J'ai pu me retrouver. J'ai pris conscience de ce que je désirais au plus profond de moi : la liberté, l'aventure, le risque. Abandonnant l'idée de repasser des concours, je me suis tournée vers ce qui faisait vraiment sens pour moi : l'entrepreneuriat. Dix ans plus tard, je suis à la tête de Gemmyo, ma marque de joaillerie, qui emploie plus de soixante personnes. Et quand je me lève le matin, le sourire aux lèvres pour aller au travail main dans la main avec mon mari avec qui j'ai créé Gemmyo, le souvenir de cet échec paraît bien loin. Alors s'il y avait un message à retenir de cette histoire, c'est que l'échec pour moi n'est pas une fin, mais plutôt un début... »

Pauline le dit avec beaucoup de justesse : comme un sport de compétition, tout le monde travaille d'arrache-pied pour réussir le test. Pas pour se préparer à un métier ! Et alors, ensuite ? Si les années sont très stimulantes intellectuellement parlant, quelque chose cloche : elle ne « vibre » pas. Souvenez-vous de l'importance des messages envoyés par notre corps...

Si l'on cherche à creuser un peu, derrière l'évidence de la situation, en lui « offrant » cet échec, on lui a donné la possibilité de prendre conscience de ce qui l'anime au plus profond d'elle-même. C'est loin d'être facile, c'est même plutôt douloureux, car cela demande d'être dans une grande honnêteté envers soi-même et d'accepter ses peurs, sa part d'ombre...

L'ENA lui a peut-être offert la plus grande des leçons et des chances : celle d'être enfin en accord avec elle-même. C'est simple, c'est dans l'échec que l'on se révèle. Et pour Pauline, c'est le seul moyen de prendre conscience de ses dispositions et de son attirance pour le monde de l'entreprenariat. Retournement enclenché, le sentiment d'avoir l'esprit bien plus léger. Le rayonnement de sa marque lui donne aujourd'hui raison ! Les embûches, quant à elles, se révèlent parfois de véritables bénédictions.

L'ASCENSEUR ÉMOTIONNEL

Une expression qui porte franchement bien son nom ! Au tout départ de « La Leçon », sans avoir beaucoup de contacts et en étant indépendante, chaque épisode est terriblement compliqué à mettre en place. Le podcast est alors encore peu connu en France et… personne ne veut passer sur « La Leçon ». Au mieux, la réponse est négative, au pire, il n'y a pas de réponse du tout. Et puis un jour, à force de relances et de persuasion, je décroche une interview avec une ancienne ministre. Inespéré ! Je me mets à rêver au tournant que cela va être pour mon projet, pour ma carrière même ! Imaginez la chose, quelle crédibilité journalistique, quelle publicité pour mon podcast encore si récent. Je crève d'envie d'y arriver… Je suis tellement passionnée. Pour moi, la chose est si folle que je n'ose en parler à personne, de peur de me porter la poisse.

L'interview, prévue deux mois et demi après la confirmation, doit avoir lieu mi-juin. Trois jours avant, après avoir reçu un e-mail de confirmation, j'ose en parler à mes amis proches, enfin. La veille pour le lendemain matin, je reçois un e-mail lapidaire : l'ancienne ministre doit se concentrer sur un dossier, l'interview est annulée et reportée… quand, au fait ? Eh bien justement, je n'ai plus jamais eu de nouvelle date, et petit à petit l'espoir s'est étiolé. J'ai placé tant de projections sur cette interview, si vous saviez ! J'avais même pris ma journée, histoire d'être uniquement concentrée sur le sujet…

Le jour J, je marche dans la rue, complètement défaitiste, avec un petit nuage gris au-dessus de ma tête, qui ne me lâche pas d'un pouce. Ne partez pas ! l'histoire ne s'arrête pas là. L'un de mes meilleurs amis, Julien V., m'invite à prendre un verre le soir même et me parle, par association d'idées, d'Axelle Tessandier, ancienne porte-parole d'Emmanuel Macron durant sa campagne et businesswoman très inspirante. Le lendemain matin, l'interview est validée. Un an plus tard, quasiment jour pour jour, j'interviewe Roselyne Bachelot, l'une des ministres les plus appréciées de sa génération (et qui, quant à elle, a tenu son engagement).

Le timing est parfois sidérant. La « leçon » est en tout cas désormais ancrée : dès qu'une proposition n'aboutit pas, je garde le cœur ouvert et sais que rien n'est figé… et qu'une offre bien plus sympa m'attend probablement au tournant. C'est parfois très dur lorsqu'on est au cœur du cyclone mais il faut se souvenir d'avoir confiance en la vie. Est-ce que cela marche aussi en amour ? Probablement.

CYPRIEN VERSEUX

Un échec cache souvent une opportunité

Puisque nous en sommes à discuter synchronicité, j'aimerais partager avec vous l'incroyable aventure de Cyprien Verseux, astrobiologiste. Son histoire est aussi folle que fascinante. Et avec la terrible période que nous avons vécue en 2020... loin d'être anodine. En 2013, alors qu'il est encore étudiant et prépare une thèse codirigée par la Nasa, Cyprien reçoit un e-mail qui va complètement bouleverser le cours de sa vie. À l'intérieur de celui-ci, un lien qui renvoie vers un appel à candidature hors norme. La mission nommée « Mars Arctique 365 » recherche des volontaires pour passer un an dans une base « ressemblant à une boîte de conserve géante » sur l'île Devon, dans l'Arctique canadien. L'idée ? Vivre « comme sur Mars » pour en étudier l'impact psychologique sur les différents membres et valider de nombreux protocoles de recherche.

Pour Cyprien, c'est une évidence. Il doit candidater. Rendez-vous avec des psychologues, épreuves physiques centrées sur la résistance, l'agilité ou l'ingéniosité, et autres épreuves écrites se succèdent. Le recrutement s'étend sur deux longues années. Bien au-delà de ce que ma patience pourrait supporter ! Cyprien, lui, n'a pas vraiment le temps d'y réfléchir tant les tests se suivent, toujours plus complexes et inédits. On lui demande même de passer deux semaines dans une base similaire, en plein cœur du désert de l'Utah, ou de traverser un anneau enflammé dans une cascade digne de *Mission impossible*.

Au terme de la sélection, ce sont deux nouvelles qui arrivent : et pas des moindres. La première, incroyable, est l'annonce qu'il attendait tant. Au bout du fil, on lui indique qu'il fait à présent partie de l'équipée des six chanceux sélectionnés. À peine le temps de s'extasier et de relâcher la pression que la seconde annonce tombe comme un couperet : il est informé que la mission est annulée, faute de financements suffisants... Deux ans de sa vie pour ça ?

La frustration est à son apogée... Dire qu'il aurait pu se préparer à d'autres objectifs, partir pour d'autres missions au lieu de se concentrer sur ce projet chimérique, et surtout, s'attacher à cet écran de fumée.

Durant quelques jours, le jeune scientifique est au bout du rouleau, il encaisse et digère l'information. Il laisse surtout libre cours à sa déception, pour mieux l'évacuer et pour remonter en selle avec la niaque de celui qui veut contrer le sort.

Lorsque l'on reçoit une information qui nous fait descendre de douze étages d'un coup, il est primordial de prendre conscience de ses émotions : choc, colère, tristesse. En parler à cœur ouvert ou l'écrire permet au cerveau d'assimiler plus vite la réalité... pour avancer sans ruminer. Vous avez des pensées récurrentes qui ont du mal à s'évacuer ? Prenez cinq minutes pour effectuer un petit check-up mental.

Vous allez très vite libérer de l'espace pour... trouver des solutions !

Deux semaines plus tard seulement, c'est le coup de théâtre. On rappelle l'astrobiologiste pour une mission plus ambitieuse encore et pilotée par la Nasa. Digne d'un vaudeville ! Cyprien a non seulement tous les prérequis, mais il est en plus surentraîné

Qu'est-ce que je ressens là, tout de suite ? Pourquoi ça m'affecte autant ?

grâce à la précédente mission avortée. Cette fois-ci, il y croit... et il a raison. Il est sélectionné pour l'aventure qui changera sa carrière à jamais : HI-SEAS IV.

Durant 365 jours, il expérimente la vie « presque martienne ». La base est située sur le volcan Mauna Loa. À perte de vue, on ne voit qu'une roche volcanique à la couleur ocre, du rouge clair au rouge si sombre qu'il ne se distingue pas des ténèbres. Le dôme qui leur sert de lieu de vie fait seulement onze mètres de long. Ils sont six à y pénétrer. Cyprien Verseux entre dans l'histoire.

Lorsque je planifie la mise en ligne de notre épisode, son expérience en huis clos me semble lunaire ! J'en plaisante même durant l'enregistrement. Ce que je ne sais pas encore, c'est que l'épisode va sortir la première semaine du confinement en France... Cet heureux hasard me laisse sans voix. Le comble pour une podcasteuse !

La déception lorsque la première expédition est annulée est, comme vous le savez désormais, immense. Pourtant, il le voit comme une évidence. Il ne serait jamais allé aussi loin sans celle-ci. Elle lui donne confiance en lui et en ses capacités. Réfléchissez-y, s'il a été capable d'aller jusqu'au bout une fois... il peut y arriver à nouveau.

Nous sommes tous les aventuriers de nos destins respectifs. S'il fallait retenir une leçon de l'expérience de l'astrobiologiste, ce serait probablement celle-ci :

Vos efforts ne sont jamais vains. Ils vous font parfois emprunter quelques chemins de traverse… qu'importe. La route en vaut la peine. Et la destination est souvent bien au-delà de votre propre imagination, de vos propres barrières mentales.

Charles Pépin le dit avec beaucoup de justesse dans son excellent ouvrage *Les Vertus de l'*échec publié chez Allary Éditions. Le propre du travail d'un chercheur est d'être confronté à l'échec de manière quotidienne ! Cyprien confirme son intuition : « Nous serions des trouveurs et non des chercheurs si nous trouvions de grandes avancées tous les quatre matins. »

Ce travail, basé sur des tentatives se soldant par des échecs à répétition, impose une certaine sagesse et, par-dessus tout, une grande humilité. Le meilleur moyen de garder les idées claires, l'esprit ouvert pour… trouver des solutions efficaces plus rapidement.

CÉDRIC GROLET

Mettre feu à la salle (au sens propre)

S'il y en a un qui a mis à rude épreuve ses émotions en tentant d'atteindre ses rêves… c'est Cédric Grolet. Cédric est le chef pâtissier du Meurice. Élu meilleur pâtissier au monde en 2017 et 2018, il est mondialement connu pour ses douceurs sucrées en forme de noisette, de citron, de pommes… de sacrés trompe-l'œil aussi beaux que bons. Le jeune chef pâtissier est le noble descendant de Magritte, du moins en cuisine.

Un an après notre rencontre, j'emmène ma maman tester son fameux « Tea Time » au Meurice à l'occasion de son anniversaire. Coup de chance, en se baladant dans le quartier du prestigieux palace, on tombe nez à nez avec le chef : tee-shirt blanc, jean troué, baskets. Le cool au service de l'excellence. J'ai enfin l'occasion de le remercier pour l'immense coup de pouce qu'il m'a donné. Sans qu'il le sache, c'est grâce à lui que le podcast poursuit sa route aujourd'hui.

Je l'ai rencontré à une présentation presse au cours de laquelle je suis allée taper sur son épaule, le menton tout tremblant et la voix pas franchement assurée. Dans le mille. Le rendez-vous est pris quelques mois plus tard, entre deux avions pour l'étranger. Alors que je l'attends dans le lobby du Meurice, j'ai tout le temps d'en contempler les moindres détails. J'aperçois au loin Amanda Lear discuter avec un très beau jeune homme. Tout le monde semble si chic… moi, je suis encore trempée par le chemin sous une pluie battante que je viens de me taper. Je regrette mon choix de chaussures.

Je vérifie une fois – deux fois – cinq fois que j'ai emporté deux micros, la tête encore enfouie dans mon tote bag, quand Alexandra, sa super attachée de presse vient me chercher.

Au bout d'un long couloir, sur la droite, on m'indique que ma destination se trouve ici. Et derrière la porte... c'est le choc. La salle est plus belle encore que l'idée que je m'en faisais ! On m'indique bien vite qu'il s'agit du salon de la suite dans laquelle Salvador Dalí a vécu durant une dizaine d'années. Le temps semble s'y être arrêté. Les murs sont recouverts d'un sublime papier peint jaune, le plafond et l'ensemble de la marqueterie sont recouverts d'or fin. Le lustre est éblouissant, la cheminée, immense... intime, en somme ! Au centre se trouvent trois grands canapés recouverts d'une multitude de coussins. Vous nous entendez d'ailleurs en parler durant l'épisode ! Je crois beaucoup à l'importance du lieu dans la bonne conduite d'une interview... C'est pour cette raison que j'aime tant recevoir mes invités dans mon salon, une manière non verbale de signifier qu'on discute « entre nous », « comme à la maison »... Alors ici... c'est raté. Je me sens si petite dans ce lieu qui a connu les grands de ce monde. En revanche, je suis certaine d'une chose, si l'épisode avec Cédric reste encore aujourd'hui l'un de mes préférés, c'est en partie pour cette sacrée entrée en la matière.

Cédric Grolet, justement. Après quelques minutes de réflexion, il décide de me confier une anecdote qu'il n'a jamais racontée en interview : l'inédit... le saint Graal du journaliste. Et en la matière, le célèbre chef ne déçoit pas, bien au contraire.

Alors que vous passiez vos soirées à comparer les différentes brochures ayant pour en-tête « Orientation post-bac : quelle filière choisir pour s'épanouir ? », Cédric, lui, avait des objectifs déjà bien précis avec un rêve ultime dont il ne démordait pas : devenir le meilleur pâtissier du monde. Mission réussie en 2017 *et* 2018… Seulement voilà, pour réussir, il faut échouer. De nombreuses fois.

Allez hop, on rembobine !

Nous sommes en 2010, au Salon du chocolat pour le concours Charles-Proust, le plus prestigieux concours qui réunit des participants du monde entier. La compétition a lieu tous les deux ans, le temps nécessaire pour imaginer et concevoir une sculpture d'envergure en sucre et en chocolat.

La pression est *immense*.

Dans la vie d'un jeune chef pâtissier qui cherche à gravir les échelons de façon traditionnelle, il est important de réussir à se démarquer lors des concours les plus prestigieux. Pour Cédric c'est donc une évidence : il doit tenter sa chance.

Pour être certain d'être prêt lors de l'événement, le chef pâtissier s'astreint à une discipline assez bluffante : le soir après les cours, le week-end et durant les vacances scolaires, il s'entraîne au « labo » pour viser le podium. Sa vie se résume à la pâtisserie et aux rêves de grandeur qui l'accompagnent.

Pour marquer les esprits, il imagine une sculpture sur le thème de la Saint-Valentin : un couple enlacé. La pièce avoisine les cent kilos et est à hauteur d'homme. Le projet est très ambitieux.

Lorsqu'il arrive sur la scène où se déroule la compétition, les tables des candidats font face à toutes les têtes connues du métier. Imaginez l'ensemble de vos idoles réunies dans la même pièce, concentrées sur vos moindres faits et gestes... Bref, de quoi en bégayer.

L'épreuve commence. Cédric se concentre comme s'il exécutait une chorégraphie, après avoir passé tant d'heures à apprendre par cœur chaque étape. Et puis, sans crier gare, sous le coup de la pression, le jeune chef fait tomber son chalumeau qui... met le feu au rideau derrière lui. Oui.

La salle est rapidement évacuée pendant que l'on maîtrise le début d'incendie, Cédric Grolet est mortifié !

La honte.

Tout le monde va se rappeler de lui, c'est sûr, mais pas pour les bonnes raisons. Et puis ses copains ont réussi à avoir leur nom dans les journaux, à se démarquer. Il ne sera jamais un grand chef... c'est foutu. Ça, c'est ce qu'il se dit, en boucle, les jours suivants... Mais l'envie et la passion le poussent rapidement à se remettre d'aplomb et à envisager de retenter sa chance, cette fois-ci, mieux préparé. En cause ? Son travail sur ses gestes, sur sa préparation technique... mais pas sur son mental : sa concentration, sa capacité à gérer le stress et la pression. 50 % de l'addition finale...

Pour ce nouveau concours, Cédric décide de voir les choses en plus grand : deux années de préparation au lieu d'une, avec une pièce encore plus ambitieuse et décadente, si tant est que cela soit possible. L'idée ? Proposer quelque chose qui n'a jamais été vu, de nouvelles techniques de pâtisserie encore jamais expérimentées.

Pour cela, il faut faire des centaines d'essais jusqu'à trouver le concept qui fera mouche. Cédric regagne confiance en lui et c'est donc – presque – assuré qu'il se prépare les jours avant l'événement. Dans la nuit qui précède le concours, alors que son équipe tient à bout de bras sa création pour la placer dans la camionnette réfrigérée qui doit livrer la « bête » à la première heure le lendemain, sa pièce s'écroule. Il est 2 ou 3 heures du matin, le concours commence à 7 heures. Le jeune chef s'effondre, ses nerfs craquent, il abandonne et ne passe pas l'épreuve...

Cet échec l'oblige à faire un choix, à faire face au réel, sans filtre. Est-ce qu'il veut continuer à faire une carrière centrée autour des concours ? C'est une grosse remise en question, en tant qu'homme et en tant que chef. La question n'est plus : « Comment être le grand chef que je rêve d'être grâce aux concours ? », mais désormais : « Comment atteindre mon rêve d'être un grand chef... autrement ? » Il sent progressivement qu'il doit opérer un virage à 180 degrés pour se diriger vers la pâtisserie destinée au public. C'est aussi ça, l'échec. Donner l'opportunité à ceux qui le traversent de voir la vie... sous un jour nouveau. Et puis finalement, qu'est-ce qu'il perd à tenter sa chance ? Dans le fond, c'est être le meilleur pâtissier au monde dont il rêve... peu importe la route pour y parvenir. Le jeune chef décide donc de changer de cap, de réoxygéner un métier qui le rend depuis quelque temps à bout de souffle.

C'est ainsi que Cédric, celui qui a mis feu au rideau, celui qui n'a pas (encore) son visage dans les journaux, accepte un poste au prestigieux palace Le Meurice.

« Chaque jour, je réalise la chance que j'ai de vivre ce que je vis en sachant que la route a été longue et rude. Il m'arrive plein de petites galères comme tout le monde, mais mes échecs m'aident à tout relativiser ! »

On parle souvent de la quête du bonheur, on voit fleurir tant de bouquins sur la route vers la joie… je pense tout simplement qu'il n'y a pas d'arc-en-ciel sans pluie. La joie n'est jamais aussi intense, belle et forte que lorsqu'elle suit une difficulté… De mon côté, je fais un petit exercice depuis des années, tout simple. Lorsque je vis un moment heureux, léger, que je me sens particulièrement bien : je me crée un petit « marqueur mental ».

HAPSATOU SY

Toucher le fond, pour mieux rebondir

Hapsatou Sy m'a donné les larmes aux yeux et la chair de poule en parlant de son père durant un enregistrement. En l'entendant parler, je me suis dit que nous pouvions nous comprendre. Cet épisode est l'un des plus marquants de « La Leçon », d'ailleurs, je continue régulièrement à avoir des retours touchants à son sujet.

Hapsatou vient d'une famille nombreuse où l'entreprenariat n'est pas un sujet. Son père, peul, a fui son pays au péril de sa vie pour offrir un futur à ses enfants. Si elle a la chance d'avoir des opportunités, elle le sait, c'est grâce aux risques qu'il a pris. Elle en est incroyablement fière… et à raison.

Très jeune, elle se débrouille pour réaliser toutes sortes de petits boulots et apporter sa contribution. C'est l'ambitieuse de la famille. Après un BTS en commerce international, elle décroche un stage dans la ville de tous les possibles : New York. Là-bas, l'énergie est exaltante, on trouve un projet à chaque coin de rue. C'est la ville idéale pour ceux qui rêvent d'entreprendre, qui veulent se construire une carrière *bigger than life*. En rentrant en France, l'intuition se précise, elle décide de lancer Ethnicia, une chaîne de salons de coiffure au sein desquels les femmes de toutes les origines peuvent venir se faire coiffer. « Mes copines à moi sont blondes, noires, asiatiques… On veut se retrouver et passer un bon moment ensemble dans un même lieu spécialisé dans tous les types de cheveux. » Elle a vingt-trois ans.

Très rapidement, le projet prend de l'ampleur, un second salon, puis un troisième… au bout de cinq ou six années, elle en compte dix-sept. Pas encore trente ans et déjà une centaine d'employés à gérer quotidiennement.

La différence entre sa vision de l'entreprenariat et la réalité est énorme. Imaginez aller au bureau, chaque matin, en sachant qu'une montagne de problèmes vous attend… Vous qui espériez une montagne de projets. « Je fais parfois 1 h 30 de voiture pour déboucher un évier ou encore rebrancher un ordinateur qui ne s'allume pas correctement… » Le quotidien ressemble à une bataille, où il s'agit de s'imposer en tant que femme, en tant que boss, surtout lorsqu'on sait que ses employés ont parfois quinze ans de plus qu'elle. Avec son exposition médiatique, les clients arrivent nombreux, un afflux qui n'a pas été anticipé et qui demande une charge de travail énorme. Et s'il y a une chose qui doit se maîtriser, c'est la croissance d'une entreprise.

Hapsatou commence à avoir des problèmes de trésorerie, de développement de la franchise… Pourtant, l'entrepreneuse tient bon, fait le dos rond et remet à plus tard ses besoins : prendre soin de soi, de son corps, de sa santé mentale. Pour elle, hors de question d'abandonner. En cause ? Son éducation familiale : on ne baisse pas les bras, jamais. Si de l'extérieur, l'aventure paraît bien jolie, Hapsatou se consume à petit feu. Un jour, alors qu'elle est au volant de sa voiture et doit aller se garer cinquante mètres plus loin, près de la place de la Bastille, elle revient à elle… place de la Concorde. Quatre kilomètres de distance, plus d'une demi-heure de trou noir. Effarée, Hapsatou se gare sur le bas-côté et explose en sanglots.

Arrivée chez elle, elle se met sous la couette et pleure jusqu'à en perdre haleine durant trois jours… Lâcher-prise et libération

Gérer 100 personnes, c'est gérer 100 problèmes. Même Jay-Z n'en a que 99.

des émotions. Finalement, ça fait un bien fou de pleurer. Son père finit par l'appeler, étonné d'être resté sans réponse durant tout ce laps de temps. Et il finit par lui dire ces mots : « Hapsatou, ça ne va pas. Tu voulais que je sois fier de toi ? C'est fait. Il est temps que tu vives pour *toi*. Ça fait trois jours que j'essaye de te joindre, viendra un jour où tu essayeras de me joindre et je ne serai plus là. Il faut te remettre sur le chemin de la vie. »

En l'espace de quelques minutes, son père réussit à lui enseigner la chose la plus importante qui soit… Elle a passé la première partie de son existence à chercher à faire la fierté de son père : c'est fait. Désormais, elle peut lâcher prise et vivre pour elle. Plus besoin de prouver quoi que ce soit. Libérée d'un poids, légère.

Le rendez-vous est tout de même pris en urgence chez un neurologue. Un trou de mémoire à son âge, ce n'est pas anodin. La réponse est sans appel : surmenage.

Hapsatou retourne malgré tout au boulot : elle n'est pas salariée, quelle autre option a-t-elle ? Désormais lucide, elle sait qu'elle se dirige vers la faillite. Elle a œuvré comme elle a pu : en créant des emplois, en essayant de bousculer les lignes… en faisant de son mieux. C'est le temps du redressement judiciaire, puis de la liquidation. Plutôt que de se concentrer sur le chagrin, elle décide d'en faire une expérience, une étape, et c'est ainsi qu'elle se retrouve, le jour de la fermeture de sa société, sereine et reconnaissante. Tout le long de ce chemin, elle a beaucoup appris. Face à un journaliste véreux (appelons un chat un chat) venu recueillir ses premières impressions après son ultime audience, et lui lancer, comme phrase d'accroche : « Vous êtes au fond du trou », elle se montre désarmante d'optimisme. Explications.

« Ceux qui pointent du doigt votre échec sont ceux qui n'ont rien essayé. »

Hapsatou adore sauter en parachute. Pour elle, c'est l'expérience qui retranscrit au mieux les sensations que procure la création d'une boîte. C'est un peu comme votre business plan lorsque vous vous préparez, harnachez, vérifiez les consignes de sécurité et montez dans l'avion avec vos peurs et vos espoirs. Ceux qui vous disent de ne pas aller jusqu'au bout... n'ont jamais sauté en parachute. Vous, vous y allez parce que vous savez que votre envie est plus forte que vos angoisses, et pourtant, quand l'avion prend de l'altitude à 2 000 mètres, 3 000 mètres, 4 000 mètres... vous avez la boule au ventre.

Et puis vous sautez dans le vide, dans l'inconnu.

Lorsque le parachute s'ouvre, le temps s'arrête : l'image est sublime. L'attente, la peur, le trac, les doutes s'estompent... Qu'importe la destination, ça vaut le coup. Vient le moment de l'atterrissage, peu importe que l'aventure ait pris un bon ou un mauvais tournant : vous allez taper le sol avec rage et détermination. Sans ça, vous ne pouvez pas rebondir...

Après avoir violemment tapé le sol, reprenant ainsi contact avec la réalité, l'entrepreneuse rebondit superbement. Liquidation en septembre 2013, création d'un nouveau business le mois d'octobre suivant.

Sa première boîte a fermé. Certes, mais lors de la création de sa seconde entreprise, elle a désormais une grande expérience à mettre sur la table. Elle sait ce qu'elle veut, ne veut plus, les écueils à éviter... Sa seconde société n'aurait probablement pas le succès qu'on lui connaît sans sa première aventure. N'ayez jamais peur d'échouer, soyez terrifié à l'idée de ne jamais oser vous lancer.

Ça me brise le cœur lorsque j'entends dire qu'il est trop tard pour ci, trop tard pour ça. Que vous ayez peur est tout à fait compréhensible, c'est même selon moi très sain. L'idée, en revanche, est d'être capable d'identifier ce qui se cache derrière vos angoisses pour savoir par où commencer... pour les dépasser ! Si vous avez ce livre entre les mains, c'est que vous avez probablement déjà fait une bonne partie du chemin.

Harland Sanders a fondé l'empire KFC à l'âge de soixante-deux ans. Ça vous laisse sans voix, hein ? Dites-vous que j'ai mieux en stock. À votre avis, quel est le secteur économique qui prône le plus le jeunisme ?

CAROLINE DE MAIGRET

Connaître un succès phénoménal… sur le tard

J'ai la chance de recevoir Caroline de Maigret à l'appartement pour enregistrer un épisode d'anthologie. Caroline est dans ma liste des personnalités rêvées depuis la création du podcast. Elle aime autant le quartier Pigalle que moi, elle a beaucoup d'humour et ne se prend jamais au sérieux. Tout en étant l'une des figures de la mode les plus connues dans le monde. Le cocktail idéal, quoi.

Avec elle, on discute d'un sujet qui titille ma corde sensible : la notion de fuseau horaire. C'est ma copine Chloé qui me parle de cette métaphore pour la première fois alors que je suis en mode *ouin ouin*, très probablement à cause d'un garçon. Je ne me souviens plus des circonstances exactes, c'est vous dire à quel point le mec en question a compté… Quoi qu'il en soit, au détour de notre conversation, elle me suggère que chaque personne, tout comme un pays à travers le monde, a son propre fuseau horaire. Votre cousin s'est marié à l'âge de vingt-trois ans, alors que votre meilleur ami ne veut pas en entendre parler à trente-huit. Votre collègue a repris le chemin des études à cinquante ans pour se réorienter, lorsque pour vous, votre choix de carrière est une évidence depuis votre plus tendre enfance. Il n'est jamais trop tôt. Il n'est jamais trop tard. Chacun son rythme, son propre fuseau horaire.

Caroline de Maigret en est la preuve formelle. Son histoire est à la fois ultra-motivante et profondément réconfortante.

Dix-huit ans. L'âge de l'émancipation où tout semble possible. Pour Caroline qui ne sait pas vraiment ce qu'elle a envie de faire de sa vie, l'inscription en histoire de l'art semble être une bonne idée... Pour ses parents, moins. Au bout de quelques mois à peine, et pour leur faire plaisir, elle accepte de bifurquer en lettres modernes à la Sorbonne. Un jour, alors qu'elle se balade avec ses copains dans le quartier, elle se fait repérer par un *talent scoot*, ces recruteurs spécialisés dans la recherche de « nouveaux visages » pour la mode... Mannequin, elle ? Bof.

Elle est grande et élancée, certes, mais l'idée de poser devant un objectif ne lui dit trop rien. Il faut dire que dans la famille, ce n'est vraiment pas un sujet. On se regarde à peine dans le miroir. L'occasion se présente pourtant une seconde fois. Cette fois-ci, une femme qui sait trouver les mots justes. Après tout, le mannequinat, c'est un moyen de gagner de coquettes sommes et donc de s'émanciper... de faire ses propres choix.

Son premier shooting est un rêve, elle collabore avec l'un des plus grands photographes de la mode : Mario Testino. Pour elle, c'est un peu abstrait, tellement loin de sa réalité ! Lorsqu'on lui demande de bouger, de se mouvoir, de « jouer » avec l'objectif, elle se sent complètement paumée, sourire figé.

Lors de la Fashion Week qui suit, elle décroche un contrat chez Chanel, rêve ultime. Elle passe des semaines dans l'atelier, sélectionnée pour être le mannequin « inspiration » de la prochaine collection de Karl Lagerfeld... On est au milieu des années 1990, c'est le règne tout-puissant des *supermodels* : Cindy Crawford, Naomi Campbell, Claudia Schiffer... On lui suggère de plus en plus, lors de rendez-vous en agence, de se faire refaire les seins et le nez. Caroline est interloquée, ça ne lui serait jamais venu à l'esprit, le mannequinat est un moyen de gagner sa vie, de là à lui donner des complexes qui n'ont pas lieu d'être... Merci non merci. Toujours trop « grosse », jamais « comme il faut ».

Les années suivantes, elle décroche régulièrement des contrats, moins sexy que ce tout premier, mais qui lui permettent de vivre et de voyager. C'est ainsi qu'elle se retrouve à New York, dans une colloc de mannequins. Elle passe ses journées devant le téléphone, à espérer décrocher des castings, et ses nuits à profiter de tout ce que la ville a à offrir en termes de rock underground. Le fameux premier shooting qui aurait pu donner un avant-goût d'incroyable ne se reproduit pas, Caroline est mise dans la catégorie des mannequins « commerciaux » et enchaîne les boulots pas très intéressants. « Si tu n'as pas la tête du moment... tu n'y peux pas grand-chose. » La passivité qui incombe à ce métier fait grandir la frustration.

Plus les années passent, moins le téléphone sonne. Jusqu'à ce qu'elle se rende à l'évidence, si elle ne se réinvente pas, et vite... elle ne va plus pouvoir payer son loyer. La décision est prise, sans trop de remords, de rentrer en France. Elle a vingt-huit ans. « Je me compare à mes copines qui ont une vie qui les nourrit, qui se sentent actives, femmes. Moi, je complexe, j'ai un peu honte de ne pas avoir un job dit "intellectuel", d'être dans une période de vide. »

Durant ses années à New York, elle a passé beaucoup de temps avec ses amis musiciens, à les aider à louer du matos, à sillonner les routes... La musique a toujours été une évidence pour elle, le moyen de s'évader à l'adolescence, une ouverture sur le monde. Quelque temps après, l'un de ses copains l'amène à un concert d'un groupe sympa. Elle n'a rien de prévu et la curiosité l'emporte sur le reste. Après le show, la bande débriefe avec les musiciens.

L'un d'eux, Yarol, a les mêmes références geek underground qu'elle. C'est troublant. Sympa en plus de ça. Lui rêve de monter un label depuis des années, mais cherche encore son/sa partenaire professionnel.

J'ai toujours fait des rencontres importantes à des moments que je n'avais pas prévu de vivre. Je pousse depuis les autres à succomber à l'inattendu. C'est l'aventure, le danger qui favorisent les belles rencontres. Ainsi, on ne peut pas être dans la projection d'une éventualité amicale, professionnelle ou amoureuse. Une leçon que j'ai mis longtemps à intégrer. On se permet ainsi de remettre son esprit dans le présent, de se rendre disponible au bonheur tout de suite et maintenant.

Si la partie production cartonne, l'aspect management pose problème, il faut repenser leur collaboration... à bout de souffle, avec un enfant en bas âge, Caroline fait un grave burn-out. Elle met six mois à s'en remettre. Cette expérience la laisse paumée, toujours incertaine de ce qu'elle veut faire de sa vie, de la direction à prendre. Une place à trouver. Dans ce parcours atypique, s'il y a bien une chose à retenir, c'est la notion de timing. Tenez-vous bien.

Caroline a trente-sept ans, raccroché les podiums depuis bien sept ans déjà. Quelque temps après son burn-out, le magazine *Grazia* lui propose d'animer, le temps de quelques épisodes, une petite radio itinérante durant la Fashion Week. L'idée est drôle, la séduit, et met du beurre dans les épinards alors... pourquoi pas ?

Les interviews s'enchaînent, Karl Lagerfeld accepte de monter dans la camionnette, reconvertie en studio d'enregistrement pour l'occasion. « Quinze minutes seulement », prévient son assistante.

Il reste plus d'une heure sur place. Entre eux deux, c'est le coup de foudre intellectuel et professionnel. Il faut dire qu'à dix-huit ans, même si elle a défilé pour l'iconique maison de couture, elle n'avait pas le même bagage à offrir : du caractère, de l'expérience, une vision de la vie. Il en fait l'une de ses égéries Chanel les plus connues encore à ce jour. Elle connaît un immense succès à un âge où il semble tout bonnement impossible de faire carrière dans la mode. Avec une place prépondérante dans la maison Chanel, Caroline porte sa voix haut, loin et fort. Bien plus qu'elle ne l'aurait jamais fait si elle avait eu cette opportunité dans sa vingtaine.

Si son parcours peut sembler décousu à certains vu de l'extérieur, il est d'une logique évidente pour le mannequin qui a toujours su faire confiance à son instinct. Caroline n'est pas en retard. Elle n'est pas en avance. Elle est à sa juste place, sur son propre fuseau horaire.

*

C'est très troublant, la notion de vocation. Je passe des années à errer, à la recherche d'un métier flamboyant et stimulant. M'imaginant tour à tour commissaire-priseur, puis avocate spécialiste du droit des affaires (parce qu'on « gagne beaucoup d'argent »), puis coiffeuse à New York (pour « voyager et être libre »), puis commerciale dans un grand groupe… Paumée, vous dis-je.

Durant mes différents stages dans des rédactions, je chouine auprès des copains en leur disant : « Vous verrez, à trente ans, je serai encore dans un studio sous les toits, à vivre des allocations de l'État. Puisque tout le monde dit que le journalisme, c'est bouché. »

Synthèse de l'histoire : je suis la première de mes amis à décrocher un CDI, en tant que journaliste. Tête à claques.

On a beau passer notre vie à redouter l'avenir, il se moque toujours de nos prédictions et fait bien ce qu'il veut, *in fine*. Avez-vous remarqué ? Le jour où vous ouvrez une porte mentale qui vous semblait pourtant bien cadenassée, tout vous semble désormais réalisable. *Et si c'*était vrai ? comme l'a écrit Marc Levy. Quant à moi, je répète depuis des années à qui veut l'entendre que le journalisme est un heureux hasard, que je n'en ai jamais rêvé, ni même espéré qu'il puisse être un vrai métier, un métier à ma portée.

Je dis d'ailleurs depuis quelque temps à mon entourage que mon prochain rêve est de devenir animatrice télé, pensant ainsi m'offrir un nouveau but. Flambant neuf, tout juste sorti de l'emballage. En rentrant écrire ces premières pages à Nantes, chez ma mère, je retrouve entre deux vieux carnets une rédaction écrite à l'âge de quinze ans, qui se termine par ces mots : « Mon rêve ? Devenir animatrice télé. » Je vous laisse méditer sur le sujet.

OLIVIER NAKACHE

Apprendre à se connaître à travers ses échecs

Si vous cherchez un exemple de vocation, quelqu'un qui n'est pas passé de l'envie des vieux meubles à la coiffure (en gros), je vous invite à vous pencher sérieusement sur le cas d'Olivier Nakache. Moitié du duo de génie « Toledano-Nakache », réalisateurs qui se cachent derrière quelques-uns des plus grands chefs-d'œuvre actuels du cinéma : *Intouchables*, *Hors normes*, *Nos jours heureux*, etc.

Tous deux sont copains d'école. Ils passent leur enfance à aller au cinéma ou à échanger des cassettes vidéo. Ils bouffent littéralement les œuvres les unes après les autres. Alors qu'ils ne sont pourtant pas du sérail, Éric réussit à décrocher un stage sur un tournage, le rêve.

Olivier se souvient :

À chaque fin de journée, je vais le voir devant l'entrée.

— Alors ? je lui demande.

— J'ai rien vu, j'ai dû garder la grille au bout de la rue ! il me répond.

L'un et l'autre se disent rapidement que s'ils veulent faire du cinéma, attendre les opportunités n'est plus suffisant. Ils ont soif d'action. Ils sont jeunes, rien ne leur semble impossible.

On a vite compris qu'il fallait se lancer dans le concret.

Avec les moyens du bord, et surtout un grand talent… de persuasion, ils réunissent une petite bande d'acteurs, de machinistes, d'opérateurs, et le projet se monte cahin-caha. Tous les jours, les imprévus laissent place aux catastrophes, et ainsi de suite.

Le court-métrage, censé les faire connaître des professionnels du métier, est refusé par les festivals les uns après les autres. La galère totale. Olivier parle à présent d'une période fondatrice. L'occasion pour eux de faire toutes les erreurs possibles, d'apprendre à se connaître dans un univers professionnel. Non seulement cela leur met un pied à l'étrier, mais cela leur offre la possibilité de s'exercer sans pression.

Faites d'abord, vous aurez tout le temps d'avoir peur d'échouer ensuite, en somme.

Jean-Pierre Jeunet dit à ce propos : « Vous avez un smartphone ? Eh bien alors, tournez ! » Commencer, se lancer, se jeter à l'eau, tout doit débuter comme une petite colline, pas comme une grande montagne – avec toute la pression de réussite qui en résulte. Retenez bien cette phrase, parce que pour l'amour : c'est tout pareil.

FRANCK ANNESE

Oser, tenter, rater, recommencer

Une vision de la vie professionnelle que Franck Annese, patron du groupe SoPress (Society, SoFoot, L'Étiquette, Tsugi...), partage tout à fait. Même expérience, domaine un peu différent.

Alors qu'il est encore étudiant, il monte avec une bande de copains un fanzine, *ShamRock*, qui se transforme progressivement en magazine, *SoFa* (le premier d'une longue lignée de « So »). « On faisait la maquette sur Word... c'était n'importe quoi ! » Cinéma, littérature, musique, etc. La culture à consommer dans un canapé. Netflix avant l'heure.

Ce qui n'est au départ qu'un projet un peu fou – lancer un magazine papier ? Une hérésie – devient, bien que bancal, un vrai business. Franck et ses potes entrent par la fenêtre, le Velux, la grille d'aération s'il le faut lorsqu'on leur refuse la porte d'entrée.

Chacun met un peu d'argent dans la cagnotte commune pour produire le magazine, Franck vend sa voiture 10 000 francs à l'assurance, le reste vient de la pub et de la vente du canard. L'aventure dure sept ans.

« Dont les trois dernières années, durant lesquelles on perd de l'argent avec ce magazine », précise-t-il. Certains numéros s'écoulent à 12 000 exemplaires... d'autres à 900. « On a des numéros complètement... nuls. Je me souviens d'un sujet spécial DVD, nul nul nul. C'est le problème du manque de temps, tout le monde doit bosser à côté pour réussir à vivre. »

Au bout de sept années, durant lesquelles il se professionnalise et lance plusieurs magazines à succès : *SoFoot* et *Society* en tête, Franck est devenu président et fondateur de son groupe de presse indépendant SoPress, donc. *SoFa* est en plein déclin, la décision est prise de mettre fin au magazine qui a permis de se faire une place au soleil de l'édition… pas évident ! Pourtant, Franck a le même tempérament qu'Olivier Nakache : il tente des trucs. Si ça marche, c'est chouette, sinon, tant pis. Il en tire, quoi qu'il advienne, les conclusions nécessaires… et regarde devant. Sa grande force réside dans sa capacité à apprendre sur le chemin. Il ose entamer une nouvelle aventure aussi rapidement qu'il peut lui dire au revoir.

Je pense que notre ego doit prendre une sacrée place dans notre capacité à nous lancer dans un nouveau projet, lorsque l'éventualité de l'échec devient trop lourde. Si on retire les pensées nocives – « On va croire que je suis nul si je ne réussis pas », « Je ne me remettrais pas d'un échec public » –, que reste-t-il de notre échec professionnel ? Des remises en question ? Tant mieux, elles sont saines et probablement constructives. De la déception ? La plupart du temps passagère… Une fois l'échec digéré, le recul sur la situation est bien plus facile à prendre. *The big picture*[1], comme on dit. Le courage d'avoir tenté prend le dessus sur la déception d'avoir raté. On est en paix avec son expérience, sa tentative, son histoire, prêt à avancer vers de nouvelles aventures.

Et puis l'échec, comme tout le reste, est passager ! Personne d'autre n'en parle aussi bien qu'Ariel Wizman…

1. Une vue d'ensemble.

ARIEL WIZMAN

La sensation vertigineuse du bide

En repartant de mon rendez-vous avec l'animateur et DJ, je sais que je tiens là une interview forte, de celles qui marquent.

C'est quelque chose de jouissif pour une journaliste. Ce truc impalpable qui ouvre une simple conversation sur quelque chose de plus grand : des paroles qui restent. Le souvenir de cette interview reste somme toute hyper-sympa ! Ariel m'ouvre la porte à l'heure du petit déjeuner, encore plus ou moins en pyjama. Sur la table de sa salle à manger, les souvenirs d'un dîner probablement bien arrosé de la veille. Sa maison me fait rêver, chaque meuble chiné a de la gueule, et la bibliothèque est remplie de livres, mon curseur du cool. J'appuie sur le bouton et, durant une demi-heure, Ariel me raconte une histoire qui me fait encore aujourd'hui tellement rire.

Alors qu'il est en pleine ascension professionnelle, Ariel enchaîne les prestations en tant que DJ dans de grands événements. Jusqu'à plusieurs fois par semaine. Un jour, il reçoit le coup de fil d'un ami : « Écoute, il va y avoir une fête fantastique dans les vignes, tu vas faire danser plein de gens... Je t'explique quand tu arrives. Tu seras dans un très bel hôtel, les gens t'attendent, ils sont comme des dingues ! » Flatteur.

Pour Ariel, pas besoin de beaucoup plus de précisions, il prend un train et s'imagine déjà la fête inoubliable à laquelle il va participer, « le soleil couchant, les gens qui tombent amoureux dans les vignes ».

Il arrive sur place, et c'est l'étonnement. Le temps est très frais pour un mois de juin. Un peu pluvieux en plus de ça. Sur place, la réalité est bien différente de la description qu'on lui en a faite... Oui, il y a des vignes. Au loin, si on plisse les yeux. L'emplacement de l'événement tient plus du terrain vague que du lieu champêtre promis.

Il y a quelques personnes âgées « à l'allure de club du troisième âge, autour d'un poêle pour se réchauffer, à faire cuire des châtaignes ». Ils ne savent pas qui est ce DJ qui s'installe devant eux... Quelques jeunes le regardent d'un drôle d'air : « Qu'est-ce que c'est que ce vieux fruit confit qui veut nous balancer de la musique ? »

Essayant de ne pas se démonter, Ariel demande où se trouvent les platines. On lui montre un vieux système qui aurait plus sa place dans un musée que dans une soirée. À ce moment précis, la pluie commence à tomber, faisant une entrée théâtrale. Une musique, deux musiques, trois musiques... zéro réaction du public.

Le rejet, l'impossibilité de trouver une sortie, l'échec. Oh que les minutes semblent longues, quand on se prend un bide.

De cette anecdote drôle et *a priori* légère, Ariel tire tout de même de sacrés enseignements.

Le cinéma nous apprend à imager notre vie. Prendre notre vie comme une série d'instantanés bons ou mauvais qui définissent le reste de notre quotidien... ce ne sont pourtant que des instants de vie. Ça passe comme le reste.

La photographie de cette soirée fait de lui un looser. Mais, l'est-il pour autant ? Bien sûr que non. Notre vie n'est pas définie par quelques instants clés, mais par tout un quotidien bien plus nuancé que cela...

« Il faut absolument se dire que l'échec n'est qu'une période donnée qui passe, une image mouvante qui a un début et une fin. » Combien de réussites, même infimes, dans une journée, qui ne sont pas comptabilisées face à un échec qui prend toute la place ? La vie, ce n'est que ça, une suite permanente d'échecs et de réussites qui rééquilibrent la balance. La persuasion de ne vivre qu'une grande et immense réussite n'apporte rien de bon non plus, « ça amène les gens à une espèce de surchauffe, de confiance en soi excessive, d'hyper-oxygénation... ils vivent sans le savoir dans la peur d'un moment un peu moins bien ».

Bien vivre ses réussites professionnelles implique d'avoir connu des échecs. Le yin et le yang.

KHEIRON

Ne rien prendre personnellement, surtout pas un échec

L'échec glisse sur la détermination comme la pluie sur un imperméable. Il n'y a qu'à voir le parcours de l'humoriste Kheiron. Celui qui fait désormais salle comble n'était pourtant pas prédestiné à faire carrière dans le stand-up. Lui, son truc, c'est le rap.

Par l'intermédiaire d'une connaissance commune, Kheiron, encore jeune rappeur, fait la connaissance de Smaïn. Ce dernier cherche un rappeur pour l'aider à écrire un sketch sans tomber dans de calamiteux préjugés. Le passage (coécrit avec Navo !) terminé, Kheiron va voir l'humoriste sur scène, curieux de découvrir celui qui donne vie à ses écrits. C'est la révélation. Le rap, c'est bien, mais lui, ce qu'il veut, c'est faire rire les gens. Heureuse coïncidence, un autre des amis de Kheiron, Yacine Belhousse, fait partie du casting de la première saison du *Jamel Comédie Club* et l'invite à découvrir l'émission en coulisse. Décidément, soyez proche de vos amis !

Peu à peu, il décide d'insérer des parties humoristiques entre chaque morceau sur scène, comme ça, pour voir. Il adore faire rire le public, et se détache progressivement de la musique, presque par hasard.

Sauf que Kheiron l'humoriste, personne ne l'attend. Il se creuse la tête… Comment se faire connaître, se faire repérer ?

Pour trouver un producteur, quelqu'un qui finance son spectacle, il lui faut une maquette. Quelque chose à mettre entre les mains des décideurs à chaque fois qu'il obtiendra un rendez-vous. Kheiron l'intrépide ne voit pas le danger, rien que sa bonne étoile, et se dit qu'il doit viser haut tout de suite en réalisant un grand spectacle dans la plus grande salle des fêtes de sa ville. La soirée est enregistrée pour se créer un CV, une carte de visite.

Contre toute attente... et avec si peu de préparation : la soirée est un succès ! Bien sûr que c'est imparfait, mais l'ambiance est au rendez-vous, tout le monde rit et sort le sourire aux lèvres. Pourtant, durant un an, rien ne se passe. Kheiron, de toute façon, est bien trop pris par l'écriture, par sa musique, il ne s'imagine plus changer de métier, il a presque oublié l'humour.

Pourtant, un jour, un coup de fil change tout : Kader Aoun, le créateur du *Jamel Comedy Club*. Kheiron hallucine. Ce dernier lui propose de venir passer les essais pour faire partie de la saison 2.

« Ça fait un an que j'attends ce coup de fil. » Mais, parce qu'il y a un mais... le coup de fil ne s'arrête pas sur ces belles paroles. Le metteur en scène continue avec assurance : « Bon, j'ai vu les extraits filmés de ton spectacle. Évidemment, c'est maladroit... En même temps, c'était il y a un an, j'imagine que tu l'as bien retravaillé depuis le temps, que tu n'as pas arrêté de le jouer ! »

Kheiron brode tellement qu'à ce stade-là, la conversation ressemble à une jolie tenue traditionnelle autrichienne. Bien sûr qu'il a rodé son spectacle, évidemment qu'il a passé sa vie sur scène, enfin, quelle question. Son cerveau passe en mode pilote automatique, option survie. Il bluffe si bien qu'on lui donne rendez-vous... Le lendemain, 16 heures. Il n'a qu'une nuit pour écrire, apprendre et répéter un spectacle. Il arrive à l'heure et voit devant lui toutes les stars de la saison 1 : Fabrice Éboué,

Thomas Ngijol, Blanche Gardin. Il regarde partout autour de lui, il n'y a qu'un nouveau aux essais : lui.

« Je pensais qu'on serait plein d'inconnus... et que je serais pas le plus nul ! Là, il n'y a pas de doute : je suis le plus nul. »

L'humoriste qui passe avant Kheiron l'annonce sur scène, il n'a pas joué depuis un an. Et ça se passe bien, le public de l'après-midi rigole à ses vannes, il est sur un nuage. L'humoriste en devenir essaye de masquer sa surexcitation, fait le mec blasé, tente de montrer que tout cela est d'une banalité sans nom pour lui. Ah, s'ils savaient...

Kader vient le féliciter à la fin de la session, et lui propose de revenir à 18 heures pour commencer à retravailler ses blagues face à une nouvelle audience. « Pas de problème », lance un Kheiron tout à coup extrêmement sûr de lui. Confiant. Le sentiment d'être *arrivé*.

Il est 18 heures, et Kheiron fait le bide de sa vie. « Là, je suis au sous-sol de la honte. Je traverse carrément le globe en passant par son centre, je suis en Chine ! »

Le saviez-vous ? Durant les soirées dites « plateaux », où un nombre important d'humoristes s'enchaîne, ceux-ci terminent souvent en récitant la même phrase : « Merci à tous, je suis Pauline Grisoni ! » (à tout hasard). L'idée est simple, que le public qui vient de rire à leur sketch se rappelle en sortant leur nom. Sauf que quand le silence se fait au point qu'on entend les mouches voler... on a surtout très envie d'être rapidement ou-bli-é.

Kheiron sait qu'il ne tiendra pas les cinq minutes, il est en train de se liquéfier et se dit qu'il ne doit sous aucun prétexte révéler son nom, au risque de se brûler les ailes dès le premier soir.

Une idée lui vient comme une évidence et il hurle : « Merci à tous, moi, c'est ROGER ! Retenez bien ce nom ROGER. Moi, c'est R.O.G.E.R. » Il sort de scène, se met en boule et prend la claque de sa vie.

Pour cesser de se morfondre et s'obliger à aller de l'avant, Kheiron prend du recul en disséquant ce qui vient de se passer. À la virgule près, tout y passe. Une manière de mettre l'émotionnel de côté pour se concentrer sur la réalité. Sur du concret, du réalisable et du perfectible.

Il retient surtout une vraie leçon : ne rien prendre personnellement. Ce n'est pas lui que le public n'aime pas, ce n'est pas sa manière d'écrire ou son jeu... c'est une contre-performance d'un soir. C'est un échec qui a un début, une fin (comme dirait Ariel Wizman) et qui ne doit pas remettre en question tout ce qu'est Kheiron. Un artiste qui n'a pas peur de s'essayer à la réalisation d'un long-métrage tout en faisant salle comble chaque soir.

HÉLÈNE DARROZE

N'écouter que sa petite voix intérieure

Ne rien prendre personnellement… c'est le travail d'une vie. La leçon d'Hélène Darroze, la célèbre cheffe aux deux étoiles va entièrement en ce sens et fait un bien fou.

Un matin, la cheffe ouvre un grand quotidien et tombe sur un article à charge. Ce n'est pas une critique de son restaurant, mais bien de sa personne, et pire, de son équipe. « La partie sur le dessert a fait pleurer l'une de mes jeunes pâtissières. »

La cheffe est du genre à se remettre très régulièrement en question, à ravaler sa fierté à chaque critique. Pourtant cette fois-ci, la pilule est difficile à avaler, son entourage, d'ordinaire plutôt critique, trouve le papier d'une véritable injustice. Son restaurant n'a que cinq ans, le regard des autres compte encore tant.

Le soir même, au service du dîner, la cheffe a le visage marqué par ce qui vient de se passer. L'une des convives est une amie d'Hélène, il s'agit de la comédienne Isabelle Carré. Cette dernière, en voyant arriver son amie, sent tout de suite que quelque chose ne va pas… Elle lui donne un conseil lui-même donné par une autre comédienne – vous parlez d'un cercle vertueux ! – « Arrête de lire le bien et le mal que l'on dit sur toi. »

Elle comprend ce jour-là qu'elle doit prendre du recul au sujet de son travail… Un immense compliment ne doit pas la détourner de la rigueur qui caractérise chaque service pour tenter d'approcher son idée de la perfection. Une critique ne doit pas l'empêcher de continuer à croire en elle et en ses convictions. Évidemment que la critique est nécessaire pour avancer, en revanche, elle ne doit pas être un frein, un obstacle sur le chemin.

Qu'importe votre occupation, à force de travail et de persévérance, vous attirerez forcément les regards. Nombreux seront bienveillants, d'autres moins. C'est l'étonnant équilibre de la vie, le yin qui n'existe qu'en contraste avec le yang. Avec les années, Hélène Darroze a appris à accepter le revers de la médaille de son exposition. Pour elle, il s'agit ni plus ni moins de quelque chose qui ne lui appartient pas, sur lequel elle n'a pas de contrôle et donc… d'un nécessaire lâcher-prise.

Une vraie leçon de vie qu'elle partage avec ses filles pour leur donner la confiance et la force nécessaire pour se dépasser… En se rappelant toujours qu'à force de faire, de créer, de travailler dur, vient une confiance en soi qui ne peut être brisée par des commentaires injustes. Alors à vous de jouer !

« À partir du moment où vous faites les choses sincèrement, avec votre cœur, que vous faites de votre mieux, le jugement d'autrui n'a plus la même force sur vous. Vous êtes aligné avec vos convictions personnelles. »

MARINA CHICHE

Un échec révélateur de singularité

C'est parfois très dur de savoir jauger si on en fait trop, ou au contraire pas assez. Sur quel curseur place-t-on « faire de son mieux » sur l'échelle du travail acharné ? C'est toute la question que s'est posée durant de longues années l'infatigable violoniste Marina Chiche. Celle qui a parcouru le monde pour donner des récitals a bien failli se brûler les ailes à force de repousser les limites de son envie de bien faire.

Petit flash-back. Après des études au conservatoire de Paris, des études à Vienne et à Munich, en 2004, la violoniste est nommée aux Victoires de la musique classique, la même année elle sort un disque, les choses s'enchaînent, sa carrière décolle.

Elle décide pourtant de prendre la tangente en acceptant un poste à l'autre bout du monde, à Taipei, Taïwan pour être plus précise. Elle obtient le poste de professeure invitée à l'université de musique durant un an. Pas facile de laisser derrière soi une vie et tout le travail entrepris pour se faire une place sur la scène musicale classique. Elle le ressent surtout au nombre de voix qui s'élèvent pour lui dire qu'elle fait une erreur, qu'elle se brûle les ailes en plein vol. Pourtant, le goût de l'aventure est plus fort.

« À ne pas prendre ce risque, je perds ma soif de liberté. » Et puis d'ailleurs, Marina vit plutôt le risque comme une opportunité. Preuve s'il en est, à la fin de son contrat, elle part s'installer à Berlin. Là-bas, tout est à reconstruire... Professionnellement, c'est rude de devoir repartir de zéro lorsqu'on a travaillé si dur pour faire ses armes. Au bout d'un certain temps, la vie de free-lance, faite d'inquiétudes, lui pèse. Devoir faire ses preuves constamment, rechercher en permanence de nouveaux contrats, avoir des difficultés à payer son loyer, l'incertitude est compliquée à vivre.

Marina décide de postuler à un poste de professeur d'université en Allemagne. Ces places sont rares et précieuses car elles garantissent la sécurité de la fonction publique, tout en conférant une position prestigieuse à ceux qui en sont. Par un concours de circonstances qui aurait sa place dans un roman, elle est engagée à la tête de la direction du département violon – alto – violoncelle – contrebasse. La seule femme de son pôle et vingt-cinq ans de moins que ses collègues. Si cela lui semble anecdotique au départ. Cela aura malheureusement son importance...

En Allemagne, la période d'essai pour une fonctionnaire dure... deux ans. Imaginez se sentir sur des charbons ardents durant deux longues années ! La seule période d'essai que j'aie vécue, de trois mois, m'a semblé une éternité, prête à imploser à J-3 avant la fin !

Marina se met une pression immense pour faire ses preuves. Ses collègues – qui doivent valider sa confirmation – lui donnent des injonctions contradictoires. Évidemment qu'elle doit se montrer ultra-dynamique, créer et bâtir des projets, aller faire des master class à l'étranger pour recruter de nouveaux talents. Et puis en même temps... ne pas bousculer l'ordre établi, ne pas en faire trop pour ne surtout pas donner l'impression de faire de l'ombre à ceux qui sont là depuis si longtemps.

« Doucement sur les idées ! Qu'est-ce qu'elle nous veut, la petite ? » lance Marina en riant. Elle ne s'est pas préparée à devoir batailler, encore moins à subir de la misogynie. Elle qui met tant de cœur à l'ouvrage se heurte violemment à une bataille d'egos.

Cette période impose un système déséquilibré. Durant deux ans, on doit faire gaffe à tout, se montrer archi-volontaire, les collègues en profitent largement, se permettant des choses… Pour détricoter ça ensuite et réinstaurer des bases saines, bon courage. Le mal est fait, les mauvaises habitudes sont prises.

Marina se sent peu à peu détournée de sa mission principale : mener à bien un pôle d'enseignement. Elle qui travaille énormément en dehors de ses heures de cours pour enrichir son programme se sent peu à peu absorbée par tous les conflits adjacents qu'elle doit gérer, se sentant constamment ramenée à des petites querelles bureaucratiques plutôt qu'aux missions qu'on lui confie. Elle lit des dizaines de bouquins pour tenter de travailler sa « communication non violente », se fait coacher pour essayer de mieux vivre son quotidien professionnel et pourtant rien n'y fait. Elle se heurte à un mur. Pour tenter d'améliorer les choses, il faut être deux.

À la longue, ça abîme beaucoup. Parce qu'on a beau dire, même si on essaye de ne pas y prêter attention, de ne pas le prendre personnellement… on finit par absorber les comportements négatifs. Se faire respecter, c'est aussi se respecter soi. Aujourd'hui elle le sait : au lieu de tenter de se suradapter pour réussir à créer un climat harmonieux, il faut se montrer plus frontale, quitte à aller au clash et discuter du réel fond du problème. Parce qu'à force de ne pas s'imposer, l'élastique lâche.

Elle prévient régulièrement qu'elle veut démissionner, comme une menace, mais personne ne la croit. On lui dit de prendre du recul, qu'elle est trop sensible, qu'elle donne trop d'importance à la situation. Pourtant, toutes ces petites remarques sont en réalité des alertes. Dans un souci de plaire, de s'adapter, d'harmonie, la violoniste s'enfonce. Elle commence à annuler des projets, se réjouit secrètement lorsque des concerts avortent, se sentant constamment épuisée.

Les vacances passent, sa demande de congé sabbatique est accordée si et seulement si elle poursuit encore un trimestre au sein de l'université. Là commence le harcèlement, les réunions dont elle n'est pas informée, les commissions auxquelles on tente de lui interdire l'accès, les complots s'empilent, Marina Chiche est mise de côté. Elle ne voit rien, se mure dans le déni. Pourtant son corps parle, et de plus en plus puissamment : elle cumule les violentes angines.

Face au mur, la violoniste prend une décision à contre-courant de tous les conseils qu'on lui donne : elle démissionne d'un poste si prestigieux dont on ne démissionne pas, jamais. Un poste si convoité que sa décision offusque ceux que la jalousie titille. « Il y a presque une forme d'arrogance à vouloir lâcher ce poste, pour ceux qui restent. On me trouve ingrate. »

Pour Marina, c'est aujourd'hui très important de déconstruire les idées reçues sur la vie rêvée des autres. Au-delà du miroir, au-delà de la perception que l'on a du métier rêvé de ceux qui nous entourent... qu'en est-il réellement ?

Cela pourrait sembler aberrant pour certains. Pourtant, la violoniste est incroyablement fière de cette décision. La *good girl* s'est rebellée, a presque viré punk en choisissant sa liberté et son bonheur avant tous les honneurs. Mieux, cette décision lui a donné confiance en elle, en lui donnant la certitude qu'elle est capable de se relever et de sortir du script.

**« En tant
que musicienne
classique,
on respecte
la partition,
on fait partie de
conservatoires…
Pourtant moi,
j'ai une
fascination
pour
l'improvisation. »**

Cette crise est finalement devenue une opportunité. Aujourd'hui, la violoniste est rentrée en France, multiplie les concerts, a co-animé en 2019 les Victoires de la musique aux côtés de Stéphane Bern, est chroniqueuse sur France Inter chaque semaine. Elle s'est révélée.

Je pense que les échecs sont de grands révélateurs de singularité. Parce que finalement, dans la réussite, nous sommes tous les mêmes.

Parce que c'est elle qui en parle le mieux :

« S'il y a une leçon que j'ai apprise ces dernières années, c'est que nous avons toutes et tous des chemins différents à suivre et, parfois même, à inventer. Et c'est précisément cela qui fait la richesse de la vie. Donc autant abandonner dès que possible les désirs de conformité, la pression de la normativité, les fantasmes d'autoroutes ou de chemins tout tracés. J'adore cette phrase qui dit : "Ne demande jamais ton chemin à quelqu'un qui le connaît, car tu ne pourrais pas t'égarer !"

De plus, j'ai aussi compris que c'est précisément dans ce qu'on essaie de contrôler de soi, dans nos aspérités que nos richesses les plus uniques résident. Sans être dans de l'auto-complaisance, il y a du vrai dans la phrase de Jean Cocteau : "Ce qu'on te reproche, cultive-le, c'est toi." Il faut donc oser être soi-même, et ce, toujours un peu plus.

Ma *leçon* serait donc une ode au "pas de côté", à l'accueil de l'imprévu et à l'exploration de sa singularité – le tout, avec audace.

Chiche ? »

JULIETTE LÉVY-COHEN

Frôler la bankrupt et en sortir grandie

Le précipice, on le nargue en marchant au bord tout au long de sa vie… Ce n'est pas Juliette Lévy-Cohen, la fondatrice et CEO d'Oh My Cream, le concept store en ligne et en boutique de *clean beauty*, qui vous dira le contraire, elle qui a eu de sacrées sueurs froides.

Oh My Cream s'est imposé en l'espace de quelques années comme *la* référence dans l'univers de la beauté en proposant des marques aux ingrédients irréprochables et haut de gamme. Mais croître rapidement lorsqu'on est une petite société, c'est risquer de se brûler les ailes… !

Nous sommes en 2016, trois ans après la création de sa boîte. Juliette vient de déménager pour augmenter la superficie de ses bureaux. « De grands et beaux bureaux de 100 m² dans le 8e, que j'adore et qui me rendent très fière. »

Tous les indicateurs sont au vert, l'e-commerce cartonne, la deuxième ouverture de la boutique roule… Elle profite ainsi du fruit de sa première grosse levée de fonds, survenue un an plus tôt. Le but ? Accélérer la croissance de la marque et ouvrir plus de boutiques. Les taux de croissance sont au rendez-vous, vraiment, tout roule.

Sauf que.

Son mari, expert-comptable, n'a pas l'habitude de suivre les comptes de Oh My Cream. Dans leur couple, on évite de mélanger le pro et le perso. Une fois tous les six mois pourtant, ils prennent le temps de jeter un rapide coup d'œil ensemble… histoire de.

Cette fois-ci pourtant, c'est l'étonnement. Son chiffre d'affaires est super, mais tout de même, elle perd beaucoup d'argent, est sacrément déficitaire ! Il lui conseille de jeter un coup d'œil à son compte bancaire pour calculer combien il lui reste d'argent de sa levée de fonds et de réaliser ainsi un prévisionnel plus structuré.

Pour Juliette, ce mot est presque un inconnu. L'expert-comptable qu'elle a engagé vient une fois par mois saisir les factures, sans échanger réellement sur la stratégie à adopter. Elle ne remet pas en doute la gestion des choses, faisant confiance au gros cabinet qu'elle a choisi pour sa reconnaissance dans le milieu… Alors… un prévisionnel ? Ça ne fait certainement pas partie de son vocabulaire.

Ce soir-là donc, accompagnée de son mari, elle regarde son compte en banque. La somme qui lui reste de sa levée de fonds est dérisoire… À ce rythme-là, elle met la clé sous la porte d'ici trois mois. Elle sent le rouge qui lui monte aux joues, morte de honte… et surtout de trouille.

L'une de ses collègues, avec qui elle a bossé main dans la main pour sa première levée de fonds, son mari et elle se dirigent vers le premier café du coin pour commander un verre. Histoire de se remettre de leurs émotions et de passer à un plan d'action. La décision est rapide et sans appel : il faut qu'elle reparte à la chasse aux fonds, et vite. Ce qui constitue pour elle un puissant échec : non seulement la première levée lui semblait être la dernière, mais elle va devoir remettre des parts de sa société en jeu…

Cette levée de fonds ne se déroule ni dans de bonnes conditions, ni pour les bonnes raisons. Lorsqu'on sait qu'il s'agit d'un moment intense de travail et de négociation qui se déroule sur de longs mois, son histoire ressemble de plus en plus à la série *24 H chrono*.

Il faut être en position de force pour négocier, être prête à patienter des mois pour cela. Tout ce que Juliette, à ce moment précis… n'a pas.

« Moi l'éternelle optimiste, je m'oblige à ne pas me laisser bouffer par le stress mais plutôt à regarder devant, à y croire. En revanche pour mon équipe, c'est différent… Ils n'ont pas la même visibilité que moi, eux subissent, ne savent pas à quelle sauce ils vont être mangés. Je n'arrive pas à gérer mon rôle de capitaine du navire comme je le souhaiterais. »

En cela, Juliette se rend compte de son double échec. Elle qui a la sensation d'être transparente, en acceptant de répondre à toutes les questions posées, se rend compte après coup qu'elle ne communique pas assez avec toute son équipe, laissant ainsi la place aux bruits de couloir et aux discussions durant la pause, le cocktail gagnant d'une ambiance angoissante au bureau. « J'ai cumulé tout un tas d'erreurs durant cette période : des erreurs de gestionnaire et de manager. »

Avec lucidité, Juliette comprend aujourd'hui que cette période de crise était nécessaire pour bousculer sa manière de concevoir la gestion de sa société. Mieux encore : c'est même… stimulant ! Durant cette période, elle se dépasse, se montre plus créative que jamais, prête à tout pour en découdre et lever les fonds nécessaires.

Après des mois très stressants, où les stocks ne sont pas toujours remplis, faute de fonds… c'est le soulagement : 6 millions sauvent la boîte.

Juliette quant à elle se penche corps et âme sur les chiffres pour comprendre ce qui s'est passé… et ne plus jamais reproduire la même erreur.

Aujourd'hui, elle sait où elle va, se sent capable de changer de route si elle sent qu'elle se dirige vers une impasse, et finalement grandit littéralement grâce à ces mois douloureux. Professionnellement d'abord, et personnellement aussi, en continuant à se challenger continuellement pour améliorer ses qualités d'entrepreneuse.

« À vaincre sans péril, on triomphe sans gloire... »

(Pierre Corneille)

ALISON WHEELER
Faire plutôt qu'espérer

Après avoir joué dans son premier long métrage *Mon père est femme de ménage*, l'humoriste, chroniqueuse et actrice en était persuadée – ou presque –, le monde du cinéma s'ouvrirait à elle.

Pas préparée du tout à ce monde qu'elle ne connaît pas, elle en oublie de payer correctement ses impôts et se retrouve à devoir une somme astronomique compte tenu du revenu qu'elle a perçu. Elle est contrainte de reprendre un boulot alimentaire. En parallèle, les seuls rôles qu'on lui propose n'ont même pas de prénom et un intérêt tout à fait restreint :

« Je passe des castings pour Pouf n° 3 ou Mangeuse de yaourt n° 1. »

Alors elle serre les dents, va en cours le matin, fait des boulots d'hôtesse, de baby-sitter ou de vendeuse le reste du temps...

Au bout d'un an, elle décroche un nouveau rôle : Cloclo. À la projection, Alison découvre qu'elle a été coupée à plusieurs reprises au montage, elle qui ne connaît pas encore les rouages du métier sort en pleurs de la projection. Les gens qui l'approchent à la sortie lui sourient tous en s'exclamant : « Tu es émue hein ? Beau film ! » Alison, qui espère vivre *son* moment, *le* tournant de sa carrière, est dépitée.

En décortiquant sa déception, la jeune femme comprend qu'elle est en permanence en train de rechercher l'approbation des autres, des professionnels qui verront en elle assez de talent pour lui donner sa chance. Pourtant, même avec c rôles, sa confiance en elle ne se solidifie pas. Elle décide alors d'arrêter d'attendre, et de se mettre à produire.

« Si je n'écris pas mes rôles de rêve, je ne peux pas attendre des autres qu'ils aient de l'ambition pour moi. Avec les moyens dont on dispose aujourd'hui, il n'y a plus vraiment d'excuse à ne pas s'écrire des trucs. »

Alison fait partie de celles qui vont chercher les opportunités. Elle se met à écrire, sans relâche, rencontre de jeunes comédiens qui ont – comme elle – des rêves plein la tête. Vous savez, le mythe de l'actrice repérée au McDo alors qu'elle sirote une fin de McFlurry fondu : très peu pour elle. Elle enchaîne les tournages sans budget mais qui lui permettent d'apprendre son métier, de rencontrer du monde, d'expérimenter. À force de travail et de ténacité, elle finit par rejoindre l'équipe du Studio Bagel qui lui offre une très grande visibilité. Un terrain de jeu pour elle qui déborde d'idées et de créativité. Quelques années plus tard, sa boîte entame une collaboration avec Canal +. Bingo : elle fait partie des talents sélectionnés. Et aujourd'hui, c'est dans les réalisations de Jean-Paul Rouve, Luc Besson ou encore Alex Lutz qu'on peut l'apercevoir...

Mieux encore, elle s'invente des ponts entre le cinéma et la télévision grâce à l'humour. Aujourd'hui, elle fait partie des figures incontournables du petit écran, après avoir été Miss Météo pour Canal +, avoir officié dans l'émission d'Antoine de Caunes. Et ce sont ses chroniques sur *Quotidien* qui, aujourd'hui, font un véritable carton...

ALICE DAVID

Deux de perdus, un de trouvé

C'est toujours terriblement décevant d'apprendre qu'on n'a pas été pris pour le job de ses rêves. On a eu le temps de se projeter, pire encore, d'idéaliser son futur environnement de travail. Ce que l'on ne sait pas – et qu'on aimerait bien savoir quand on est au fond du trou –, c'est qu'un job qui nous convient bien mieux nous attend souvent quelque temps après. Après avoir lu l'histoire de l'actrice Alice David… vous n'en douterez plus.

Alice a vingt-trois ans et vient tout juste de sortir du conservatoire du 7e arrondissement. Elle a déjà fait quelques pubs et écumé de nombreux castings.

Lorsqu'on lui propose de passer une audition pour un gros téléfilm, le script a beau ne pas vraiment faire rêver, la perspective de partir tourner trois semaines au Maroc et de gagner suffisamment pour s'assurer une sécurité est plus fort que tout. Elle est barmaid à côté et l'idée de pouvoir payer plusieurs loyers d'une traite lui semble même carrément alléchante.

L'audition se passe bien. On la rappelle pour un deuxième casting. Elles ne sont plus que deux ou trois en lice. « Quand vient la troisième étape, on me propose un dîner avec le directeur de casting et le producteur. Ce n'est absolument pas une étape classique. Je suis toute seule avec ces deux mecs qui ont une cinquantaine d'années, c'est extrêmement chelou. »

Elle ne sait pas où se mettre, se sent mal à l'aise, presque sale. « À la limite, si tu dois absolument discuter du projet autour d'un repas, tu choisis un déjeuner pour couper court à toute ambiguïté... Évidemment, le dîner ne se passe pas très bien, je pars vite, sans prendre de dessert. Je sors du restaurant en ayant honte. »

Avec dix ans de plus, Alice se rend bien compte que ce n'est pas elle qui devrait ressentir de la honte, mais à l'époque, elle a l'impression de cautionner ce type de comportement en acceptant l'invitation. Pire, elle sait bien qu'elle doit jouer une forme de jeu de séduction pour espérer décrocher ce rôle. Une question lui vient en tête : si ce dîner fait office de prémices au tournage, à quelle sauce va-t-elle être mangée durant trois semaines ?

Quelques jours plus tard, coup de fil de son agent : elle n'est pas prise. Elle a beau être soulagée de ne pas avoir à travailler avec ces deux hommes, elle est déçue de ne pas avoir décroché ce job. Pour elle, ça représentait une sacrée opportunité.

Après cette expérience, elle passe un autre casting qui lui plaît beaucoup. Un job à la télé, d'un an, beaucoup de travail mais une certaine sécurité de l'emploi, l'idée la séduit.

Lorsqu'elle entre dans la salle, il y a six ou sept personnes face à elle. Le casting se passe bien. Pourtant, quelques jours plus tard, on lui dit qu'elle n'est pas prise : c'est le coup de massue.

Figurez-vous que parmi le jury se trouve un homme particulièrement bienveillant envers elle. Ce dernier lui envoie un message sur Messenger quelques mois plus tard, pour lui proposer de jouer dans le pilote d'un programme court qu'il souhaite vendre à Canal + pour *Le Grand Journal*. C'est au dernier moment, ce sont des essais non payés. Alice accepte avec plaisir parce qu'elle a adoré son travail sur *Le Festival de Kyan*…

Cet homme, c'est Kyan Khojandi, la série, *Bref*.

Le cultissime programme n'en est qu'au stade de la tentative. Tout le monde se réunit un dimanche, dans le 17ᵉ, à trente dans un appartement. « Sur le papier, c'est un énième court-métrage pour moi… mais je suis à fond. Je trouve ça génial. »

Heureusement qu'Alice n'a pas eu le téléfilm. Elle aurait été coincée au Maroc juste au moment du pilote de *Bref*. Elle n'aurait jamais joué le rôle emblématique de La Fille. Aujourd'hui elle le sait, c'est le rôle qui l'a lancée et qui lui a permis de faire carrière au cinéma.

« Il faut toujours prendre un énorme recul sur ce que tu es en train de vivre sur le moment. C'est affreusement dur… Quand tu as une vue d'ensemble, tu te rends compte que tout est lié. Que tu es au bon endroit, au bon moment. L'échec n'est pas une finalité… juste une étape. »

Pour Alice, l'échec est une manière de remettre en question son désir. Ses réelles envies. Les tournages qui ont suivi sont des projets portés par cette boule qu'elle a dans le bide, difficile à expliquer, à imaginer et pourtant qu'on ressent tous quand il s'agit de prendre une décision Elle se dirige à l'instinct, parce qu'elle sent les gens avec qui elle va travailler, parce qu'elle en a profondément envie. Avec le recul, l'actrice en est persuadée : le téléfilm était probablement un acte manqué. Sa tête voulait y aller, son cœur savait que cela ne lui convenait pas.

MISTER FIFOU

Passer à côté de l'opportunité de sa vie impose l'humilité

Fabrice, Fifou de son nom de scène, est un artiste au CV impressionnant. C'est lui qui se cache derrière certaines des pochettes les plus emblématiques du rap français. PNL, Booba, Doc Gynéco, Sexion d'Assaut, Médine…

Fou amoureux des États-Unis, le photographe ne rate jamais une occasion de partir en reportage photo de la scène du rap US. Cette fois-ci, avec son équipe, il interviewe G-Rock, au bord de la route sur un banc. Chronométrée, la discussion dure vingt minutes. Ils ont fait deux heures de route pour l'occasion. À côté de lui, un petit mec super discret… beaucoup plus accessible. Il est très curieux du travail de Fifou et apprécie particulièrement ses créations. La discussion se passe si bien que le jeune rappeur finit par lui proposer de passer en studio l'après-midi même voir G-Rock et lui maquetter des sons : l'aubaine.

Le rendez-vous est pris en fin d'après-midi. Fifou débarque avec sa caméra et filme une scène désormais culte. Le jeune homme met cartes sur table : « Moi, j'ai bien conscience que je ne suis pas G-Rock, je suis tout nouveau, mais j'ai des choses à dire. » Le rappeur lui décrit dans les moindres détails la pochette d'album qu'il aimerait faire réaliser, il a une vraie vision de ce qu'il veut.

Fabrice écoute attentivement mais trouve l'idée que lui propose le jeune homme *téléphonée*. Le dessin d'un *good kid* avec un œil au beurre noir pour symboliser le fait de grandir dans un quartier chaud... bof. Surtout, l'envie du rappeur demande un travail de titan. Il ne lui dit pourtant pas non, se laisse le temps de la réflexion. Humainement, ça a super bien marché, il le trouve solaire, seulement voilà, le jeune rappeur n'a aucun budget... Fifou ne roule pas sur l'or, il doit payer son voyage, et vu l'immense dose de travail, il espère un billet symbolique.

Il faut dire aussi qu'aux USA, et surtout dans les quartiers où il va, il y a énormément de jeunes talentueux. « C'est Disneyland pour un fan de hip-hop ! N'importe quel mec que tu rencontres te fait écouter des morceaux incroyables, c'est hyper-difficile de cerner qui va être *le* talent de demain, celui qui va exploser et devenir une star. »

Le jeune rappeur le relance non-stop sur Twitter durant des mois. Fifou, lui, est revenu à Paris et a repris le cours de sa vie. Il commence à dessiner la pochette et la met de côté pour se concentrer sur de nouveaux projets tout aussi exaltants. Loin des yeux, loin du cœur en somme. Un an plus tard, Mister Fifou regarde en replay un concert iconique de la scène *West Coast*. Ice Cube, Dr Dre, Snoop Dogg, c'est la folie. À la fin de l'événement, Snoop Dogg annonce « le nouveau roi de Los Angeles ». Rien que ça. Fifou ouvre des yeux immenses et manque de s'étouffer : Kendrick Lamar entre sur scène. Il le reconnaît immédiatement... c'est le jeune à qui il a dit non !

C'est la claque. Kendrick Lamar est aujourd'hui une immense star, l'un des rappeurs les plus emblématiques et respecté de sa génération. Il collabore avec Beyoncé, Pharrell Williams, U2, DJ Khaled, Kanye West... Dois-je continuer la liste ?

Quelques années plus tard, Mister Fifou tient l'opportunité de faire son *mea culpa* artistique. Kendrick Lamar est de passage à Paris. On lui demande de le prendre en photo durant la journée promo. Lorsqu'il entre dans la pièce et croise le regard du rappeur, ce dernier met sa capuche, ses lunettes de soleil, il lui fait un clin d'œil, l'air de dire : « Tu vois, fallait pas me planter à l'époque ! » C'est de bonne guerre.

« Ça m'a secoué, ça m'a même réveillé. Si je travaille autant aujourd'hui avec des artistes très connus tout comme avec la nouvelle génération... c'est parce que c'est moi qui démarche, qui offre mes services à ceux qui n'ont pas de moyens pour créer un véritable cercle vertueux de rencontres. Cette expérience m'a fait comprendre qu'il ne faut jamais mettre de côté un être humain. Depuis que j'ai compris ça, je déclenche énormément de belles rencontres et de belles opportunités. »

Des opportunités, vous en raterez forcément. Qui peut se targuer d'être au top en permanence ? D'avoir le nez creux absolument tout le temps ? Même les plus grands font de sacrées erreurs stratégiques (une pensée émue à Justin Timberlake qui a racheté Myspace il y a quelques années, espérant relancer le célèbre réseau social à l'heure d'Instagram, oups). En revanche, avec son humilité, Mister Fifou a réussi à transformer cette anecdote en un vrai moteur : l'optimisme, peut-être le meilleur moyen de se relever d'un échec.

LE CONSEIL DE GRAND FRÈRE DE SNEAZZY

« Plus jeune, j'aurais aimé qu'on me dise que c'est par l'échec et l'erreur que l'on en apprend le plus sur soi-même et que l'on grandit plus vite, que chaque faux pas et déception font entièrement partie de nos histoires, qu'il ne faut pas les renier, il faut les accepter et peut-être même en être fier.
C'est paradoxal, mais il faut être fier de ses échecs. »

SANTÉ

[sã.te] n.f.

Mentale ou physique, notre corps parle (et a beaucoup de choses à dire).

« Tiens, là, tu es heureuse. »
On parle souvent de la quête du bonheur, on voit fleurir tant de bouquins sur la route vers la joie… Pour moi cela se résume à ceci : il n'y a pas d'arc-en-ciel sans pluie. La joie n'est jamais aussi intense, belle et forte que lorsqu'elle suit une difficulté… De mon côté, je fais un petit travail depuis des années, tout simple. Lorsque je vis un moment heureux, léger, que je me sens particulièrement bien, je me crée un petit « marqueur mental ». Ça m'aide à exprimer ma gratitude et à en faire une force les jours gris et brumeux… Je pioche alors dans ma boîte à souvenirs et reprends confiance en des jours meilleurs à venir.

J'écris cela tout en sachant que parfois, c'est au-dessus de vos forces, j'en suis bien consciente. La « petite technique toute bête » a évidemment ses failles. J'ai perdu mon père subitement en 2017 et je peux vous assurer que je sais ce que cela fait, de ne pas réussir à imaginer revivre des jours meilleurs.

C'est un mardi matin. Je me rends à la « présentation presse » de Chantal Thomass, j'ai hâte de rencontrer cette grande dame, m'imaginant déjà lui parler de mon podcast. Je suis dans la ligne 6 à l'heure de pointe, lorsque je reçois un appel d'un numéro inconnu. Aussi fou que cela puisse paraître, avant même de décrocher, je sais qu'il y a quelque chose de grave.

La voix à l'autre bout du téléphone, celle d'une femme, confirme tout de suite mes craintes : mon père est à l'hôpital, entre la vie et la mort. Elle me demande de le supplier par téléphone d'accepter les tuyaux qu'on veut lui mettre dans la gorge, pour tenter de le sauver. On me dit qu'il est confus et qu'il refuse toute assistance.

Je saute sur le quai du métro, en criant à mon père que je l'aime et qu'il doit se battre. En réalité, je prie pour qu'il tienne bon, pour que je puisse venir lui dire au revoir. Je n'entends qu'un son inaudible proche du cri à l'autre bout du fil... c'est *monstrueux*.

Mon père a développé un cancer des cordes vocales un an et demi plus tôt... Il s'est battu une première fois comme un lion, impressionnant les médecins qui le suivent. Ce type de traitement est tellement violent physiquement que la majeure partie des patients doivent l'interrompre un temps avant de le reprendre.

Lui et moi sommes si pudiques que nous n'en parlons pas, ou très peu. Nous fêtons tout de même la magnifique nouvelle de sa rémission en nous offrant des vacances d'été en Savoie, à randonner la journée et à manger comme des rois le soir... On ne sait pas encore qu'il s'agit de nos dernières vacances ensemble.

En septembre, la nouvelle tombe : c'est la récidive. Ma mère me l'apprend avec douceur au cours d'un déjeuner, mon père n'a pas pu s'y résoudre... Je pleure toutes les larmes de mon corps en sachant que cette fois-ci, c'est un très mauvais signe.

Durant six mois, mon père reprend son traitement, mais je

le sens mélancolique, je reconnais son regard triste et puis il se met en colère parfois de façon incompréhensible.

Je veux l'accompagner à ses rendez-vous, tenir son manteau en l'attendant dans la salle d'attente, le soutenir pour que jamais il ne se sente seul face à cette immense épreuve. Je me heurte à un refus catégorique. Il évite la conversation : elle est trop douloureuse.

Mon père est trop affaibli pour que nous passions Noël, comme chaque année, dans la maison de ma mère à Nantes (ils sont séparés mais ont toujours gardé un profond amour et respect l'un pour l'autre). Ma mère vient à Paris, on le fête tous les trois dans mon petit appartement, mon père est maigre, mais digne, élégant avec ses Weston impeccablement cirées. Sous ses airs festifs, ce Noël me semble terriblement triste.

Janvier, mardi matin, ce coup de fil. Je suis assise par terre, en pleurs, en attendant mon Uber qui tarde à venir. Il commence à pleuvoir, c'est bien ma veine. Évidemment, j'ai oublié mon parapluie. Je rectifie donc : je suis assise par terre, en pleurs et trempée.

Quand la concierge de la porte cochère devant laquelle je me suis réfugiée, sort… non pas pour m'offrir un mouchoir mais pour connaître la raison de mes pleurs… je la lui explique très sommairement, pour qu'elle me laisse rester ici, mais, surtout, tranquille. S'ensuit un monologue digne d'un film sur le grain de beauté douteux de son frère qui « aurait pu lui aussi se transformer en cancer ». Et cette conclusion, sublime et surtout franchement réconfortante : « De toute façon, à Paris avec la pollution, on va tous finir par mourir du cancer ! »

Si vous hésitiez encore à acheter une maison à la campagne… Bref, revenons-en au fait.

Je me revois me perdre dans le dédale de l'hôpital Lariboisière sans réussir à prendre conscience de ce qui est en train de se dérouler… Lorsque j'arrive en salle de réveil, il est là, étendu et inconscient. Je n'ai jamais vu de ma vie mon père aussi vulnérable. Sous le choc, je manque de m'évanouir.

Un médecin et une infirmière viennent me chercher et me demandent calmement et gentiment de m'asseoir. Moi aussi, j'ai vu *Grey's Anatomy*, je sais que lorsqu'on s'y prend à deux pour annoncer une nouvelle : c'est qu'elle est grave. Et en effet, ça ne trompe pas. Mon père n'en a plus pour longtemps, quarante-huit heures peut-être. Trois mois maximum. J'accepte tout cela en essayant d'avoir le plus de retenu possible. Je pleure délicatement, tout en restant très droite, la tête haute. Lorsqu'on me remet enfin le dossier de mon père : c'est le double effet *kiss cool*.

Je découvre… qu'il ne s'est plus jamais présenté à l'hôpital. Pire encore… il n'a plus de Sécurité sociale depuis des mois déjà.

Toutes ces nouvelles tombent, et je suis seule sous leur poids. Ma mère et ma cousine germaine sont en chemin. Je n'ai jamais ressenti la solitude de l'enfant unique aussi fortement que maintenant.

Je me revois, une ou deux heures plus tard, au café d'en face. Solenn, ma cousine, vient d'arriver. Chloé et Marguerite, mes copines, également. On attend ma mère, je suis gelée et je fais des blagues morbides… Le seul truc auquel je me rattache toujours dans les moments durs, c'est l'humour noir ! Allez savoir.

Je n'ai pas le temps de digérer, de comprendre que je vis mes derniers instants avec mon père, que la vie d'avant n'est plus. Il y a plus urgent à gérer. Cette foutue Sécurité sociale. Et puis papa a perdu ses clés dans l'ambulance, et il ne sait plus où sont ses papiers.

Quelques heures plus tard, et alors que je suis à ses côtés durant son réveil, ma mère (arrivée une heure plus tôt) passe par le balcon du voisin pour accéder à l'appartement en cassant un carreau. Marie-Soizick… McGyver (coupe de cheveux en option).

Ce qu'elle y trouve est indescriptible… L'appartement qu'elle a connu, celui dans lequel je suis née, n'est plus qu'un champ d'immondices. Les objets s'accumulent du sol au plafond, il y a des assiettes par terre, des tas de linge, des livres sur le canapé. On ne sait pas où marcher, encore moins où s'asseoir.

Et puis la table de la salle à manger. Toute une poésie. Le courrier forme un château de sable qui en recouvre les moindres recoins, rien n'a été ouvert, ou presque. Il y en a pour tous les goûts : huissiers de justice, direction générale des services publics, fournisseur Internet… Les plus vieux courriers datent de 2004, et nous sommes alors en 2017…

Maman comprend tout. Ce qui s'avère un drame est aussi, paradoxalement un soulagement ! Les mensonges depuis des années, les refus répétés quand on voulait aller chez lui… Mon père n'a pas de vie secrète, il a tout simplement honte de sa situation. Ce qui me donne encore plus envie de l'aimer et de le protéger.

Le plus difficile est de se sentir prise au piège du temps qui file. On doit régler ses affaires à toute allure, s'assurer qu'il soit inscrit le plus vite possible à la Sécurité sociale (imaginez le prix d'un lit à l'hôpital sans ça… !), qu'il a bien payé toutes ses dettes avant de s'éteindre pour nous protéger nous aussi, ses enfants. Moi… et un petit frère que j'ai vu seulement une fois, et à qui je dois annoncer que son papa n'en a plus pour longtemps. Tant qu'à faire.

Le soir même, ma mère vient dormir à la maison, elle va y rester deux semaines. Le simple fait d'aller prendre une douche, de me retrouver seule face à moi-même, me terrifie. Le chagrin est atroce, il me faut une distraction en permanence. Au moment de dormir… je ferme les yeux et je vois le déroulé de la journée recommencer encore et encore comme un train à grande vitesse qui fonce droit dans un mur.

À ce moment précis, mon chagrin est tellement grand que je n'arrive plus à imaginer comment faire pour remonter à la surface.

Je regarde les gens marcher dans la rue et continuer à avoir une vie… normale ?! Comment est-ce possible ? La mienne est anéantie. En fermant les yeux, j'ai le tournis, les images défilent en boucle.

Et puis, aussi fou que cela puisse paraître, il se passe de très belles choses qui me font dire que ces instants douloureux sont – aussi – un peu un cadeau. Les trois mois qui suivent, les trois derniers mois de la vie terrestre de mon père, je vais le voir tous les soirs ou presque après le travail.

On se tient la main, on se dit beaucoup que l'on s'aime plus fort encore que les mots. Mon père, qui a passé toute sa vie en étant persuadé qu'il devait jouer un rôle pour être aimé, voit, de ses propres yeux, que, même s'il est entièrement démuni, son ex-femme et sa fille ne le lâchent pas.

Au contraire, sans les barrières mentales qu'il s'inflige, nous sommes plus proches de lui que jamais. Je peux le dire fièrement : mon père part en sachant qu'il est aimé. Moi aussi, je ressens si fort son amour qu'il me porte et m'accompagne encore aujourd'hui.

La chance nous offre une drôle de leçon de vie… Le jour de sa mort, le 1er avril (la pire date du calendrier, franchement papa, quand même), avec ma mère, nous ressentons une plénitude incroyable. Nous sommes… sereines.

Et aussi fou que cela puisse paraître pour quelqu'un d'extrêmement cartésien qui n'a pas vécu d'expérience similaire, nous ressentons ce jour-là un amour inconditionnel tellement inexplicable que nous nous savons accompagnées.

Je comprends alors que la vie ne sera plus jamais la même, je dois aussi faire le deuil d'un futur qui ne sera pas. Mais je découvre que la plus dure des épreuves ne me brise pas. Que je suis plus forte que ça. Plus courageuse aussi. Je... prends confiance en moi.

On parle beaucoup depuis quelques années de la fameuse « loi de l'attraction ». L'idée même est simple. Notre destin serait défini par nos pensées. Nous dégagerions de l'énergie qui attirerait à nous des situations et des rencontres correspondant aux fruits de nos idées. Soient-elles positives... ou négatives d'ailleurs.

Je ne rejette pas ce concept, loin de là. Je crois beaucoup au fait qu'en étant bien dans sa peau, bien dans sa tête, on rayonne d'une certaine manière. Et donc que l'on attire à soi des gens dans les mêmes dispositions. L'inverse se vérifie tristement aussi.

En répétant certaines phrases avec conviction, on peut même gagner en assurance et se positionner différemment par rapport aux situations. La loi de l'attraction est donc intéressante à plein de niveaux. Mais elle est utilisée à tort et à travers ces dernières années, vidée de sa substance et de sa complexité. On n'en retire plus qu'une simple idée : celle qu'en désirant quelque chose, et surtout, en faisant fonctionner cette fameuse loi réduite au concept de formule magique, on pourrait l'obtenir. Une femme, une grosse situation, une voiture de luxe. Je caricature à peine.

Or la réalité, et c'est terrible de se l'avouer, est profondément injuste. Il n'y a qu'à lire la presse internationale pour s'en rendre compte. Ou même à confronter les destins des gens de son entourage. Certaines personnes naissent dans des familles saines et heureuses, poursuivent des études sans nuage et se marient facilement. D'autres sont frappés par la maladie, par la violence, par toutes sortes de tragédies desquelles il est plus rude de se relever. Et c'est comme ça. Malheureusement, la vie n'est pas une balance qui compense chaque malheur par une joie.

Le jour où je comprends ça… je me sens étonnamment plus légère. À cette époque-là, je regarde autour de moi et ne cesse de répéter, comme un mauvais mantra : « Pourquoi moi ? » Je trouve que j'ai eu ma dose. Que l'univers me « doit » de bonnes nouvelles. Sauf que l'univers ne me doit rien et qu'en réalité, la vie est simplement ce qu'elle est. En l'acceptant et en tâchant de travailler sur ma manière de ressentir et de réagir aux événements, je sens que je m'engage sur une voie, à mon sens, plus juste.

Parce qu'à y regarder de plus près, lorsque l'on réduit la loi de l'attraction à un simple principe d'auto-persuasion, on finit tout aussi bien par culpabiliser de ne pas obtenir ce que l'on désire tant ! Pourquoi je n'ai pas d'amoureux ? Je fais tout pour ! Pourquoi je n'ai pas le job de mes rêves ? Je le visualise ! Pourquoi je ne suis pas enceinte ? Je le mérite ! L'idée n'est pas de vous dédouaner de votre propre destinée mais plutôt de nuancer les choses, de déculpabiliser ceux et celles qui font tout pour… et qui n'obtiennent pas toujours.

JEAN-YVES NEVEU

L'échec fait partie de la vie

Jean-Yves Neveu en sait quelque chose. Le professeur émérite de chirurgie cardiaque a passé sa vie à opérer le cœur défaillant d'enfants. La maladie infantile, l'injustice absolue. Bien sûr, dans leur malheur, les enfants tombent entre les mains d'un des chirurgiens les plus acclamés d'Europe… mais aussi sur quelqu'un de profondément empathique et humain. Même après 15 000 opérations réalisées.

Dans son domaine, on n'a pas le droit à l'erreur, tout bonnement. C'est donc d'autant plus terrible lorsqu'on fait tout ce que l'on peut et que le jeune patient succombe malgré tout sur la table d'opération.

Des années plus tard, il se souvient encore des patients qu'il n'a pas pu sauver… Comme cette petite fille, victime d'une anomalie cardiaque congénitale, venue tout droit d'Espagne avec ses parents pour se faire opérer. La toute première opération sur l'aorte se passe à merveille. Ce n'est pas une opération risquée. Jean-Yves Neveu la reçoit régulièrement en consultation pour analyser l'évolution de ses symptômes, la voit grandir. Au-dessus de leur tête, pourtant, l'épée de Damoclès d'une opération définitive, au cœur cette fois, inévitable et à haut risque. Lorsqu'il est enfin question de « réparer son cœur », le professeur s'est attaché à elle, du haut de ses sept ans, à ses parents aussi, des gens charmants. Son anomalie est extrêmement complexe, il s'agit de reconstruire le ventricule gauche de son cœur à l'aide d'un greffon. L'opération est beaucoup plus longue et compliquée que prévu... Son cœur ne réagit pas comme il faudrait, il est fatigué. L'équipe médicale réussit avec difficulté à le faire revenir « à la normale » mais il se dégrade rapidement et, dans les quarante-huit heures qui suivent, la petite fille s'éteint.

« Je me sens très mal. Je commence à analyser tous les détails en y ajoutant beaucoup de "et si j'avais fait ci, et si j'avais fait ça" sans en trouver la cause réelle. L'affectif rejoint le technique... c'est un moment très difficile. »

Comment s'en remet-on ? Pour le chirurgien nul doute : la blessure est là, il n'y a pas un seul remède au monde pour s'en protéger. Chaque chagrin est présent, quelque part en son cœur, pour lui rappeler à quel point la vie est précieuse, qu'il ne faut jamais rien prendre pour acquis. Trouver de la beauté à la tristesse... Penser aux petits malades disparus pour se battre et sauver les patients qui peuvent encore l'être. Des années plus tard, il évoque avec des étoiles plein les yeux les recherches qu'il a pu mener et qui l'ont aidé à sauver tant de vies. Et c'est à ça qu'il choisit sciemment de se raccrocher.

CÉLINE DE MONICAULT

Vibrer deux fois plus

Le cancer est un mot que connaît bien Céline depuis l'enfance. Dans sa famille, les femmes ont des prédispositions génétiques. Sa grand-mère en est décédée, sa maman est tombée malade également. Lorsqu'on lui propose de faire le test pour savoir si elle porte le gène, c'est une évidence. Pour soutenir sa maman, d'abord, et puis pour faire avancer la recherche. Sans grande surprise, le couperet tombe : elle est elle-même porteuse.

L'annonce a beau être pressentie, elle n'en reste pas moins violente… c'est une partie de son insouciance qui s'en va. Mais au moins, elle est suivie, tous les six mois, par une super gynécologue. Rien n'est laissé au hasard ! L'année de ses trente-quatre ans, lors d'une IRM de contrôle qui aurait dû ressembler à toutes les autres apparaît une anomalie sur le sein gauche. Toute petite, pas plus grande qu'une pépite. Après avoir accumulé tant de frayeurs durant ces années, Céline se dit que, vraiment, il n'y a pas de drame, encore moins de quoi paniquer. Il faut dire que la créatrice a plus d'une raison d'avoir l'esprit ailleurs : un bébé, une société à gérer, une rupture à surmonter, liste non exhaustive ! Pourtant, cinq mois plus tard, lors de la visite complémentaire, le résultat est sans appel : cancer. 1,5 cm sur le sein droit. Un mot tant apprivoisé qu'il sonne presque à côté. Alors… ça y est.

Comme souvent dans les moments très durs d'une vie, l'essentiel apparaît soudain clair comme de l'eau de roche. Les priorités également. Elle se répète : « Ça va aller. Derrière le brouillard, il y a toujours le soleil. »

Chacun vit la maladie comme il le peut, la créatrice le sait, des années de préparation à l'éventualité d'un cancer ont fait office de séances d'entraînement au dur marathon rose qui l'attend. Un détail qui lui tient à cœur : ne jamais faire de son expérience une généralité. Il ne manquerait plus qu'on crée des injonctions à la bataille cancéreuse… ! « Chaque parcours est si différent… Si le mien peut aider, tant mieux ! »

À partir de cet instant précis, un déclic s'opère chez Céline. Elle décide de ne plus rien regretter dans la vie, de foncer tête baissée dans l'aventure chimio et de bloquer toutes les pensées qui commencent par « et si ». Être une imbécile heureuse, en somme, pour nourrir son optimisme et s'autoriser à croire en la vie. Parce qu'elle n'a pas le choix, elle a un fils qui compte sur elle… c'est un combat qu'elle doit gagner. L'exemple de sa maman lui donne une sacrée niaque pour croire en elle et en sa force intérieure…

Aujourd'hui, Céline est en rémission. Son traitement est terminé, sa dernière opération de reconstruction, effectuée. C'est fou combien une épreuve comme celle-ci peut changer votre regard sur la vie.

Si vous vous demandez comment Céline se sent aujourd'hui, elle vous le dira sans ciller : belle, courageuse, puissante, résiliente… indestructible.

Pour Céline, c'est une confiance en elle qui s'est installée petit à petit sans crier gare... Mais, surtout, un véritable amour de soi. Quand on s'aime sans cheveu, au plus bas durant son traitement, quand on réussit à porter un regard doux sur son corps, on y gagne une estime de soi énorme. Et ça, c'est un vrai cadeau pour la vie.

AURÉLIE SAADA
Une envie d'enfant qui tord le bide

L'artiste – chanteuse, compositrice et désormais réalisatrice – m'a raconté une histoire, encore trop taboue, souvent douloureuse à évoquer. Ses fausses couches tardives. Une expérience douloureuse parce que souvent vécue dans le silence, dans le secret. Revenons un peu en arrière. Aurélie Saada a vingt-cinq ans et une envie très forte de devenir maman. Sauf que cela tarde… Un an, deux ans, trois ans. La chanteuse tombe enceinte deux fois… et fait deux fausses couches tardives. Le moment est d'une violence inouïe : il s'agit d'aller dans une maternité, non pas pour accoucher comme les autres femmes qui l'entourent mais pour effectuer un curetage.

« Moi j'ai le sentiment que ma vie ne serait heureuse et pleine que si j'arrivais à avoir un enfant », se dit-elle alors. La chanteuse compense le vide comme elle le peut : en portant beaucoup de robes amples, en invitant tout le temps ses amis à dîner, comme pour remplir le ventre des autres, se donner l'illusion d'être mère en couvant ses proches… Autour d'elle, ses copines tombent peu à peu enceintes. Évidemment qu'elle se réjouit sincèrement pour elles, pourtant, tout au creux de son cœur, une petite voix intérieure lui susurre à l'oreille que son tour tarde trop à venir.

La chanteuse ne compte pas le nombre de fois où on lui demande : « Alors le bébé… C'est pour quand ?? » Pour elle qui découvre du sang dans sa culotte tous les mois… c'est une torture. Alors à la question intrusive de trop, elle répond : « Toujours pas, je n'y arrive pas. » Histoire de couper le sifflet de celles et ceux qui se montrent trop intrusifs. Pourtant, cette situation-là, très douloureuse, Aurélie réussit à la transformer peu à peu… en poésie.

« Je crie et puis j'écris. »

Cette tristesse, pour pouvoir la digérer, devient écriture de chansons. Et ainsi naît *Je veux un enfant*. Elle chante à son public ce qu'elle a du mal à dire à ses proches. Aurélie Saada transforme son épreuve pour en faire quelque chose qui ait du sens pour elle, mais aussi pour les autres femmes qui n'ont pas sa possibilité d'expression. Comme si, en partageant sa douleur… elle ne lui collait plus totalement à la peau.

Après l'hiver, le printemps : Aurélie travaille beaucoup, c'est une période très fertile à bien des égards, puisqu'en jouant dans un film, en multipliant les projets, elle n'a plus vraiment le temps de penser à faire un bébé et… retombe enceinte.

La chanteuse en est aujourd'hui certaine, elle a son premier bébé au bon moment. En se concentrant sur elle, sur ses propres désirs, elle explore sa féminité, apprend à se connaître, à se découvrir du courage, de la résilience… avant de devenir maman et de se consacrer à un enfant. Son travail d'autrice et interprète se nourrit encore aujourd'hui de cela.

La vie est parfois plus créative que nous…

« J'ai épousé mon chaos, pour en faire quelque chose de beau. »

PHILIPPE CONTICINI

Aimer la vie quand on frôle la mort

L'histoire de Philippe Conticini est l'une des plus marquantes qu'il m'ait été donné d'entendre. De celles qui vous triturent l'esprit et vous donnent une (nécessaire) claque.

Le célèbre chef pâtissier est en situation d'obésité. Après des années d'hésitation, il décide de se faire opérer pour y remédier, une procédure qu'on nomme by-pass. Il s'agit d'une opération lourde, qui demande en amont beaucoup de rigueur et d'abnégation, pour perdre du poids, et beaucoup. La décision est donc familiale. Impossible pour lui d'y aller sans savoir que sa femme et sa fille – les deux personnes les plus importantes de sa vie – lui apportent leur soutien.

Le rendez-vous est pris chez un chirurgien très réputé qui réalise ce type d'opérations depuis vingt-cinq ans. La première partie de la procédure, une cœlioscopie, se passe sans encombre. C'est donc en toute confiance que le chef pâtissier se rend pour la seconde opération. Mais au réveil, le couperet tombe : « Ça ne s'est pas passé comme prévu, monsieur Conticini. »

Encore sonné, et surtout sous l'emprise de nombreux antidouleurs, le chef ne comprend pas. Il faut dire que les explications sont très vagues. Ce que le chirurgien ne dit pas, c'est qu'il n'a pas réussi à aller au bout de l'opération et a laissé des fistules béantes dans son estomac. En d'autres termes, des petites fissures apparaissent, ouvrant le passage aux liquides corporels… À cause de ces fistules, dès sa sortie du bloc sortent des matières fécales, et une acidité très dangereuse pour les autres organes se déverse dans son organisme.

Au réveil, le chirurgien est présent, et puis il passe de moins en moins le voir jusqu'à disparaître complètement des radars. Philippe Conticini passe dix-neuf jours hospitalisé.

Au bout du sixième jour, un infirmier prend son courage à deux mains – il sait qu'il n'en a pas vraiment le droit – pour aller le voir et lui expliquer ce que personne ne voudrait entendre : il y a eu une faute, quelque chose de grave. Philippe Conticini devrait aller demander des explications au chirurgien… Encore épuisé, shooté aux médicaments, le chef ne comprend pas bien la mesure de ses propos.

Pourtant, un détail lui met la puce à l'oreille : il doit repasser sur le billard à minuit le dix-neuvième jour. Pour la première fois, Philippe Conticini a peur. Avant d'entrer dans le bloc opératoire, sur le brancard, tremblant de froid, le chef accoste la médecin anesthésiste pour lui confier son anxiété, ses craintes, son désarroi.

La réponse est d'une violence sans nom : « Enfin monsieur Conticini, un peu de tenue ! Soyez un homme. » Pour la douceur, l'écoute bienveillante et l'empathie, on repassera.

Au réveil, non seulement l'opération de cautérisation s'avère un échec, mais en plus, le pâtissier tombe dans le coma. Tout est surinfecté : l'estomac, le pancréas, le foie, il a une péritonite aiguë, fait une septicémie… La totale.

Le chirurgien ne prévient sa femme que quelques heures plus tard. Et pour lui annoncer qu'elle va probablement devoir faire ses adieux.

Avec une force de vie à toute épreuve, Philippe Conticini tient bon. Mais se retrouve abîmé de l'intérieur. Il n'a plus de paroi abdominale, un cœur qui bat au ralenti, il ne le sait pas encore mais, pour pouvoir survivre, il va devoir subir 35 opérations.

Pendant quatorze mois, il ne pourra ni manger, ni boire. De la torture pour un homme qui a voué sa vie entière à la pâtisserie. Il subit des traitements que je n'ose décrire ici tant ils sont barbares et douloureux. « Quand le personnel médical n'y arrive pas, que les fistules apparaissent les unes après les autres, je leur répète : ne vous inquiétez pas, je vais sortir d'ici… Putain, je peux vous dire que j'aime la vie. »

Et puis un beau jour, vers 17 heures, le médecin lui dit cette phrase dont il rêvait depuis des mois : « Monsieur Conticini, ce soir, vous allez manger et boire. On enlève votre sonde. »

De la purée de pommes de terre, une tranche de pain de mie sans croûte pour que ça passe bien… et un verre d'eau. Un orgasme, un vrai. Le chef ressent un soulagement immense… il n'a pas perdu le goût ! Il prend peu à peu des forces et commence à faire quelques pas, jusqu'au bout du couloir… jusque dans le jardin. Au bout de seize mois, il peut enfin partir.

« Je suis un homme qui a plein de défauts, mais à ce moment-là, je réalise que je suis quelqu'un de très courageux. Que je peux m'autoriser à le penser et à le dire. »

Lorsqu'il passe la porte de chez lui, c'est une émotion indescriptible, un bonheur qui n'a pas d'égal. Sa fille fait des bonds de joie, le souvenir est gravé à vie.

En septembre, c'est décidé, il reprend le travail, après un mois de vacances avec sa femme, celle qui est restée à ses côtés tout le long, son pilier.

Cette période a évidemment changé radicalement la vie du célèbre chef pâtissier. Aujourd'hui, ce dernier a une obsession : donner, donner, donner. Des gâteaux aux soignants qui l'ont aidé, ses connaissances en pâtisserie aux jeunes, la liste continue, encore et encore. Et puis, de l'amour, bien évidemment. Sa femme et sa fille sont sa priorité absolue, plus encore que jamais.

*

Ces témoignages, tous plus puissants les uns que les autres, m'ont fichu une sacrée claque. À vingt ans et quelques, on se sent immortel. Et pourtant, la vie est un cadeau qu'on ne devrait jamais prendre pour acquis. Ayons de la gratitude pour les choses les plus simples de la vie : avoir l'opportunité de dire à nos proches qu'on les aime, et le plus souvent possible. Pour le reste, remercions la destinée des enseignements qu'elle place sur notre chemin, après tout… la vie est une danse sous la pluie.

CES STARS QUI ONT CONNU L'ÉCHEC AVANT DE RÉUSSIR

Qu'ont en commun Oprah Winfrey,
Albert Einstein, Walt Disney, Lady Gaga
et J.K. Rowling ?
Personne ne croyait en eux.
Et pourtant...

J. K. ROWLING

Personne ne voulait du manuscrit… d'*Harry Potter*

Savez-vous combien de refus J. K. Rowling essuie avant de trouver une maison d'édition ? Douze. Douze lettres des éditeurs qu'elle admire le plus, lui disant que son travail n'a pas d'intérêt, que l'histoire ne fonctionnera pas, que le sujet est inintéressant. On a du mal à y croire aujourd'hui, et pourtant…

Nous sommes en 1990, dans un wagon du train Manchester-Londres. L'Anglaise se perd dans ses pensées en regardant le paysage défiler sous ses yeux. Le train a du retard, et ce train-là, justement, est le point de départ d'une idée qui émerge comme une évidence : Poudlard, le quai 9 3/4, le monde des sorciers. La future reine du fantastique tisse mentalement la toile de ce qui deviendra l'un des plus grands livres de fantasy au monde, *Harry Potter à l'*école des sorciers.

Quatre heures plus tard, arrivée chez elle, Joanne s'empresse de noter toutes les idées de ce monde parallèle qui lui sont venues à l'esprit. Elle enferme son précieux butin dans une boîte à chaussures et se promet d'y revenir. L'autrice est alors encore secrétaire et ne se doute pas des épreuves qui l'attendent…

Cette année-là, J. K. Rowling perd sa maman. Pour pallier la tristesse, elle décide de partir vivre à Lisbonne et devient professeure d'anglais, elle écrit le soir et durant son temps libre dans des cafés. Revenue quelque temps plus tard à Londres, elle traverse un divorce et se retrouve, avec un enfant en bas âge, en situation de très grande précarité.

Si vous analysez les différents ouvrages de l'écrivaine, vous voyez quelques inspirations puisées dans son propre cheminement. Les détraqueurs, par exemple, sont la représentation concrète de la période d'intense dépression qu'elle vit après son divorce. Le lien qui unit Harry à ses parents qu'il n'a pas connus se nourrit de la perte et du chagrin de son propre deuil. L'histoire n'en est que plus profonde, riche, nuancée.

Marie-France Burgain, autrice d'une thèse sur *Harry Potter*, livre à France Culture :

« Quand on regarde ce qu'elle a écrit, on retrouve énormément de détails de sa vie, des petites touches, ce n'est pas du tout quelque chose d'autobiographique, mais par exemple Harry est né le même jour qu'elle. Et puis des tas de détails, elle a vécu au Portugal, et le prénom du "méchant" d'une des maisons de Poudlard s'appelle Salazar [pour Salazar Serpentard, qui a créé la maison du même nom], ce n'est pas pour rien, c'est le nom du dictateur portugais. Elle a fait des études de français, donc plusieurs de ses personnages ont des noms français comme les Malefoy, qui sont de "mauvaise foi", même Voldemort. »

Le manuscrit terminé, l'autrice l'envoie à une grande maison d'édition.

Premier refus. La raison évoquée ? La chemise envoyée, et contenant le manuscrit, ne rentrerait pas dans une enveloppe.

Pour l'autrice sans le sou, chaque envoi est empreint d'un espoir immense. Il lui est même compliqué de racheter une simple chemise en carton pour renvoyer son précieux sésame. Deuxième refus. Troisième refus. Joanne refuse d'abandonner, tout en craignant à chaque nouveau non de ne pas trouver la force nécessaire en elle pour continuer. Pourtant, ce livre lui est venu à l'esprit comme une évidence, elle le sent dans ses tripes. Il faudra quelques arguments perspicaces de la fille de l'éditeur de Bloomsbury pour que la maison d'édition prenne le pari de se lancer dans la littérature jeunesse. Quelque 450 millions d'exemplaires vendus plus tard, il semblerait que le pari soit finalement réussi.

Comment la maman d'Harry Potter a-t-elle réussi à tenir bon malgré les refus ? C'est toute la question. Lors d'une conférence sur la motivation, l'autrice s'est confiée sur sa vision de l'échec. Pour elle, il s'agit avant tout de digérer le fait que l'échec fait partie du processus, qu'il est même carrément inévitable. Ne le laissez pas vous définir. Si la flamme en vous est puissante, continuez d'avancer, tenez bon, chaque échec vous prouve votre grande force intérieure, vous sécurise quant à votre habileté à faire preuve d'adaptation.

OPRAH WINFREY

Une porte qui se ferme en ouvre une autre

La jeune Oprah a vingt-deux ans lorsqu'elle décroche son premier job à la télévision : reporter envoyée spéciale. Bosseuse acharnée, brillante à l'école – le concours d'éloquence qu'elle gagne lui vaut même une bourse à l'université du Tennessee… C'est sa grand-mère qui évoque le mieux l'évidence qu'est le journalisme pour la jeune fille. La petite s'amuse dès sa plus tendre enfance à interviewer chacune de ses poupées, quand il ne s'agit pas des corbeaux qui viennent se percher sur la barrière de la maison familiale. Et puis surtout, dès qu'elle s'exprime, Hattie Mae a le sentiment qu'Oprah se sent comme sur une scène. Elle a un charisme indéniable.

Alors, tout juste diplômée et déjà reporter pour la chaîne locale de Chicago, évidemment, pour la famille d'Oprah, cela représente une grande fierté. Rapidement, la jeune femme se montre trop émotive pour un métier qui requiert beaucoup de sang-froid. Elle est plus occupée à vouloir donner des couvertures de survie aux gens qui l'entourent qu'à relater une catastrophe naturelle. Son empathie lui joue des tours. Elle le reconnaît aujourd'hui volontiers : elle n'était pas très bonne dans ce rôle si particulier.

Elle rencontre à la même époque Gäelle, qui devient rapidement sa meilleure amie et qui travaille au sein de la même entreprise. La jeune femme se montre impressionnée par le salaire que gagne déjà Oprah : 1 800 dollars par mois. La reine du petit écran raconte dans le talk-show de David Rubenstein : « Oh mon Dieu. Tu as vingt-deux ans et tu te fais 22 000 dollars par an… IMAGINE à vingt-quatre ans, et puis à trente ans ! » Oprah Winfrey calcule qu'elle gagnerait aujourd'hui 6 000 dollars par mois. C'est beaucoup pour vous et moi… mais pour Oprah Winfrey, milliardaire… le calcul est vite fait !

Au bout de quelques mois, c'est la douche froide. La jeune journaliste est rétrogradée, on lui retire son poste et on la place dans un talk-show qui s'épuise et est destiné à vite disparaître des écrans. Une manière de la mettre au placard, en espérant qu'elle démissionne le plus rapidement possible.

On lui dit même qu'elle n'est pas faite pour la télévision.

Oui, Oprah Winfrey, la journaliste américaine la plus influente au monde ! Seulement voilà, la jeune femme réussit un véritable exploit avec son talk-show et finit même pas devancer – de loin – l'émission la plus influente de sa ville. La légende est en marche.

S'il faut retenir une chose, et c'est Oprah *herself* qui le dit, c'est qu'un échec professionnel est souvent l'opportunité pour un autre projet de se manifester. De son expérience et de celles de nombreuses personnes intervenues dans le célèbre *Oprah Winfrey Show*, c'est même d'ailleurs souvent avec le recul la « meilleure chose qui leur soit arrivée ». Comme quoi, dans la vie, il faut beaucoup de patience… Oprah Winfrey elle-même ne s'est pas faite en un jour.

WALT DISNEY

Trouver sa créativité

Si quelqu'un connaît bien l'échec, c'est Walter Elias Disney. C'est d'ailleurs tout un pan de son histoire que l'on omet souvent de préciser en parlant de *success story*, cette expression qui semble tout droit sortie d'un... Disney, justement.

Le producteur, réalisateur, scénariste et homme d'affaires américain a fait faillite plusieurs fois avant de créer son empire dans l'*entertainment*. Un peu comme pour Oprah Winfrey, son premier emploi est une douce ironie lorsqu'on connaît le parcours hors norme du créatif.

Le jeune homme rêve depuis toujours de raconter des histoires, et de leur faire prendre vie en dessin. Bosser dans l'affaire familiale l'intéresse peu. Il décroche son premier job en tant que dessinateur publicitaire pour le *Kansas City Star*. Il est rapidement licencié. Tenez-vous bien, son supérieur trouve qu'il manque tout simplement d'imagination, de bonnes idées, de créativité en somme. Une sacrée claque pour quelqu'un qui est déterminé à vivre de son imaginaire et de sa plume...

Loin de se laisser abattre, le jeune ambitieux fonde sa première boîte avec un ami rencontré sur son lieu de travail. Ensemble, ils créent Laugh-O-Gram. La société a beau tourner à plein régime, leur vision créative est si grande qu'elle demande pour chacune de leurs campagnes un important budget. Même un très gros budget. Si bien que les deux jeunes gens... dépensent plus qu'ils ne gagnent !

Pictorial Club, une entreprise locale, leur propose plusieurs projets pour un montant de 11 000 dollars, l'opportunité arrive à point nommé et semble le fruit d'une intervention divine. Grâce à elle, Walt Disney et son associé pourront rééquilibrer leurs comptes et maintenir à flot leur jeune entreprise... Comble du sort, Pictorial Club fait faillite, n'honorant pas le contrat financier et entraînant dans sa chute Laugh-O-Gram.

Après s'être fait virer de son premier emploi pour manque de créativité, et avoir fait couler sa société par manque de savoir-faire financier, Walt Disney pourrait se dire qu'il n'est fait ni pour la vie d'artiste, ni pour celle d'entrepreneur... Mais sa vocation est sans appel et ces deux échecs lui donnent encore plus l'envie de réussir.

Son frère Roy l'incite à venir le rejoindre à Hollywood. Là-bas, lui dit-il, les opportunités sont bien plus nombreuses. Walt Disney, devenu entre-temps photographe, réussit tout juste à rassembler le budget nécessaire à un aller simple vers la capitale du cinéma.

Ensemble, ils créent la Disney Brothers Studio avec un peu plus de 40 dollars en poche et promettent de rembourser leurs employés licenciés qui ont travaillé sur une ébauche de projet... Un film d'animation centré sur une petite fille, Alice, qui découvre un monde aussi merveilleux que bizarroïde en tombant au fond d'un puits. Vous l'aurez reconnu, il s'agit d'*Alice au pays des merveilles*, d'après le roman de Lewis Carroll !

1926, après quelques contrats et avec une stabilité financière grandissante, Disney Brothers Studio devient Walt Disney Studio et entre dans l'histoire à tout jamais.

Le créateur parle à de nombreuses reprises de l'importance de persévérer. J'aime particulièrement ces deux citations de lui, à méditer :

« Non seulement, tout ce que vous pouvez imaginer est réalisable mais tous mes échecs n'étaient jamais des échecs, à condition de les transformer en leçons ! »

« Pour réussir, travailler dur, ne jamais abandonner et surtout chérir une obsession magnifique. »

Walt Disney n'est peut-être pas le meilleur dessinateur ni le meilleur financier. Pourtant, il a compris une chose primordiale :

« La vie est une course de fond, pas un sprint. »

Sa résilience et sa propension à ne jamais lâcher ont créé la légende que l'on connaît.

Une obsession magnifique est sans conteste le mot de la fin. Et vous, quelle est la vôtre ?

LADY GAGA
Du harcèlement scolaire à l'Oscar

Il aura fallu un documentaire, *Gaga: Five Foot Two* pour casser l'image ultra-contrôlée de la star américaine et découvrir l'intimité de Stefani Germanotta. L'artiste, dès son plus jeune âge, sait qu'elle veut chanter et jouer la comédie. Impressionnante de détermination, elle commence à apprendre dès quatre ans le piano, à l'oreille, guidée par sa maman. Sacrée vocation !

Vivant à Manhattan, issue d'une famille aisée, elle est envoyée au couvent du Sacré-Cœur, une école privée catholique située dans l'Upper East Side, tout à côté de la Cinquième Avenue. La réalité frise la fiction tant les points communs entre cet établissement et la série *Gossip Girl* sont nombreux. Rappelez-vous, son groupe de pestes qui règne sur la totalité du lycée, ses ragots, son harcèlement scolaire permanent. Et justement, c'est une expérience douloureusement proche de la fiction que vit la jeune Stefani

Tout juste arrivée au lycée, l'ado a une volonté de réussir dans le milieu de la chanson à toute épreuve. Elle fait partie d'un groupe de rock, Mackin Pulsifer, chante du jazz sur son temps libre restant, ou encore prend des cours de théâtre. Elle se distingue des autres adolescents par beaucoup de choses : elle est d'une maturité et d'une ambition impressionnantes, elle n'écoute pas les mêmes chansons que ses camarades, ne s'habille pas pareil… Bref, elle est en dehors de la norme, ce qui déplaît fortement aux autres élèves qui lui font subir de plus en plus d'atrocités.

Un jour, par exemple, des élèves d'un autre lycée viennent la chercher et la jettent, en groupe, dans une poubelle à proximité de son établissement. Tous les adolescents présents sont hilares. On lui dit, surtout, que c'est là sa vraie place. La scène est d'une violence inouïe. Pourtant Stefani, par mécanisme de protection, rit comme tous les autres. Elle rit jaune, certes, mais refuse de montrer que cela l'atteint.

Pire encore, alors que le réseau social Facebook n'a qu'un an, des petits malins ont déjà compris comment l'utiliser pour blesser autrui. Un groupe intitulé « Stefani Germanotta, you will never be famous » est créé, utilisant une photo de l'adolescente. Des dizaines de lycéens en font partie. Les dégâts sont immenses et l'artiste révèle aujourd'hui encore en payer le prix.

Évidemment, le harcèlement ne s'arrête pas là, on critique vivement chacun de ses concerts en truffant les *events* de commentaires indigestes. On poste des photos sur lesquelles on piétine ses flyers, sur lesquelles on dégrade tout ce qui a trait à sa personne. On cherche à tout prix à la faire craquer psychologiquement et, surtout, à la faire abandonner ses rêves de gloire et de succès. Son talent et son ambition semblent intolérables. C'est terrible.

C'est tout l'inverse qui finit par se produire. Stefani n'est pas encore Lady Gaga mais développe une rage au ventre à toute épreuve. Et la chanson, le théâtre deviennent, eux, des échappatoires à l'enfer qu'on lui fait subir quotidiennement. Les épreuves donnent parfois un véritable sens à votre vie. Aujourd'hui, elle est la première femme de l'histoire à avoir gagné un Oscar, un Grammy, un Bafta *et* un Golden Globes la même année.

Le harcèlement scolaire, pourtant, ne s'arrête jamais aux portes du lycée... Il grignote votre confiance en vous, votre estime de vous-même, votre courage, votre élan de vie. Lady Gaga le dit très bien :

« Le harcèlement vous suit vraiment toute votre vie. Et vraiment, vraiment, il ne s'en va jamais. Et je sais que vous utilisez des mots tels que "superstar" et "la plus googlisée" et "milliards de vues sur YouTube". Mais je n'ai jamais été une gagnante. J'étais toujours une looseuse. Et ça me poursuit. »

Elle est aujourd'hui devenue un symbole pour beaucoup, un modèle pour ceux qui se sentent incompris, rejetés, ou tout simplement différents, utilisant ainsi son traumatisme personnel pour aider des millions de personnes à travers le monde... L'incarnation même d'une sacrée leçon.

De cette terrible épreuve, elle a fait une chanson, *Born this Way*, histoire de dire à tous de continuer à cultiver leur différence, leur petit grain de folie, et de ne jamais chercher à se fondre dans la masse.

ALBERT EINSTEIN

En échec... scolaire ?

Le parcours scolaire d'Albert Einstein devrait être connu de tous, tant les réflexions qu'il apporte sur notre système d'apprentissage me semblent nécessaires.

Il y a beaucoup de mythes autour de sa scolarité. On aime parler de lui comme d'un jeune homme en échec scolaire devenu un génie reconnu. Il faut nuancer ces propos et, surtout, comme toujours, démêler le vrai du faux. En réalité, le futur scientifique est surdoué et inadapté à la scolarité telle qu'on la connaît : académique.

Albert Einstein naît le 14 mars 1879 à Ulm, en Allemagne. Ses parents sont issus de la classe moyenne, une famille comme il en existe des milliers d'autres, avec deux enfants : un petit garçon et une petite fille. Pourtant, l'inquiétude est de mise. Durant ses trois premières années, le petit Albert ne prononce pas un seul mot. La famille va même jusqu'à se poser des questions sur son intelligence et, plus particulièrement, sur un possible retard mental. Sa sœur Maja se confie même à ce sujet des années plus tard dans l'ouvrage du physicien Gerald Holton : « La langue lui est venue avec une telle difficulté que son entourage avait peur qu'il n'apprît jamais à parler. »

Mais c'est véritablement à l'adolescence que la personnalité un brin rebelle du physicien se révèle et donne du grain à moudre à son entourage. Albert Einstein se montre dissipé et, surtout, très peu concerné par l'apprentissage scolaire. Pour lui, apprendre plutôt que comprendre est une hérésie. Il est si mauvais en latin et en grec que son professeur jette l'éponge. L'élève est systématiquement au fond de la classe, plus intéressé par ses camarades que par ce qui se déroule au tableau. Apprendre par cœur et réciter des textes est un véritable supplice.

Il affirme même des années plus tard, dans sa biographie :

« Il ne suffit pas d'apprendre à l'homme une spécialité. Car il devient ainsi une machine utilisable mais non une personnalité. Il importe qu'il acquière un sentiment, un sens pratique de ce qui vaut la peine d'être entrepris, de ce qui est beau, de ce qui est moralement droit. Sinon il ressemble davantage, avec ses connaissances professionnelles, à un chien savant qu'à une créature harmonieusement développée. Il doit apprendre à comprendre les motivations des hommes, leurs chimères et leurs angoisses pour déterminer son rôle exact vis-à-vis des proches et de la communauté. [...] »

Les excès du système de compétition et de spécialisation prématurée sous le fallacieux prétexte d'efficacité assassinent l'esprit, interdisent toute vie culturelle et suppriment même les progrès dans les sciences d'avenir. Il importe enfin, pour la réalisation d'une parfaite éducation, de développer l'esprit critique dans l'intelligence du jeune homme. Or la surcharge de l'esprit, par le système de notes, entrave et transforme nécessairement la recherche en superficialité et l'absence de culture. L'enseignement devrait être ainsi : celui qui le reçoit le recueille comme un don inestimable mais jamais comme une contrainte pénible.

Le jeune Einstein refuse d'apprendre par cœur, se montre brillant en mathématiques et en physique mais franchement moyen dans les autres matières. Il est loin, très loin de se démarquer... S'ennuyant fermement, le jeune homme sèche de plus en plus souvent les cours avant de quitter carrément le lycée sans son bac en poche.

Installé avec ses parents à Zurich, ce dernier reprend ses études. Ouf, il s'en est fallu de peu. Il faudra attendre un premier refus d'intégrer l'École polytechnique pour qu'un professeur de physique repère ses admirables capacités. *Ils en auront mis, du temps* !

Einstein est la preuve ultime qu'une scolarité loin d'être grandiose n'est absolument pas une échelle de valeur de votre intelligence. Et Dieu sait, pourtant, que le système scolaire crée des complexes. Moi la première, à défaut d'avoir jamais brillé durant ma scolarité, je suis bien soulagée, en 2015, d'intégrer un média aussi reconnu que *Cosmopolitan*... Je me rappelle avoir enfin vu dans les yeux de certains que je ne suis plus tout à fait transparente en soirée.

C'est nul de penser ça, j'en ai conscience, mais c'est quand même révélateur du poids, encore aujourd'hui – en France –, des études académiques. Heureusement (et ça fait du bien de se le rappeler), passé un certain âge, plus personne ne se préoccupe de votre parcours scolaire ! Qui demande encore, passé trente ans, votre moyenne au baccalauréat... ?

Apprenez surtout, et c'est là une vraie grande leçon à retenir de l'histoire d'Einstein, à mettre en valeur votre CV. L'histoire du génie de la science n'aurait jamais été aussi croustillante si sa scolarité avait été toute tracée ! Il faut juste avoir l'art et la manière de raconter votre histoire, de tourner en une expérience positive chaque nid-de-poule qui s'est trouvé sur votre route. Autodidacte ? Vous avez une capacité impressionnante à vous adapter, à être curieux et à apprendre sans cesse, à vous relever. Beaucoup de recruteurs sont à la recherche d'un tel profil ! Foncez !

FAILS

Terminons par une touche de légèreté,
parce que les échecs sont aussi là…
pour nous faire rire !

UNE NUIT COMPLIQUÉE EN GRÈCE

Je pars avec l'une de mes meilleures amies, Mylène, en vacances à Corfou. On a réussi à trouver un plan de rêve : une chambre avec vue mer en pension complète à un prix défiant toute concurrence pour huit jours sur place. Le séjour se passe à merveille, on va chaque matin prendre le café dans le restaurant à flanc de falaise situé juste en face, on se baigne dans une eau azur, à la recherche de petits poissons colorés, on rit à se faire des abdos en béton, on passe notre vie en maillot de bain ou au buffet de l'hôtel. La détente complète.

Nous sommes l'avant-dernière journée de notre trip, il est 17 h 30 et on s'organise un petit planning pour le lendemain, histoire de terminer ces vacances en beauté. On va rester toute la journée sur la plage nommée « Paradis », on fera deux heures de bateau histoire de découvrir un bout de la côte, on dînera dans ce joli restaurant devant lequel on est passées plusieurs fois…

Il est 19 heures, on vient d'engloutir trois Margarita à jeun, on rit un peu trop fort, on a les joues en feu et la tête qui tourne un *chouïa*. Le patron du restaurant nous propose de venir avec lui à la garden-party que ses amis organisent ce soir dans une superbe maison sur la côte. Je trouve l'idée géniale, faire la fête avec des locaux dans une belle baraque, j'ai l'impression de vivre ma meilleure version d'une garden-party à la Eddy Barclay !

Mylène, la voix de la raison, refuse. On ne le connaît pas, on a bu, ce n'est pas prudent. Certes.

Nous rentrons à l'hôtel, pleines de sable, la vision floue, prêtes à en découdre avec le buffet à volonté. C'est drôle, on remarque dans l'entrée tout un tas de vacanciers avec leurs valises, visiblement prêts à partir. Deux ou trois personnes me semblent familières, je crois les avoir vues lors du trajet aller. « Pas le même forfait », dis-je à Mylène avec un clin d'œil.

Les deux réceptionnistes à l'accueil nous interpellent, complètement paniquées : nous devions rendre notre chambre à midi. Le car qui nous emmène à l'aéroport est prêt à partir dans une petite demi-heure.

« QUOI ? »

En regardant de plus près notre billet, on se rend compte que le vol part à 1 heure du matin. Soit, dans les faits… le lendemain ! Le marketing online qui nous a fait rêver d'un jour bonus nous offre en réalité une arrivée à l'aéroport de Beauvais à 3 h 45 du matin. Au secours !

Notre chambre est dans un état de bordel monstre, on est encore en tenue de plage, l'alcool n'est pas redescendu, c'est la panique. On court littéralement jusqu'à notre étage, j'ai l'impression d'être victime d'hallucinations en regardant Mylène s'asseoir sur sa valise pour tenter de faire rentrer tous ses vêtements en boule et les beaux cadeaux souvenirs qu'on a décidé de rapporter. On rit nerveusement. On pleure de rire, même. On est surtout bourrées et en retard. On réussit *in extremis* à sauter dans le car, direction l'aéroport, sous les regards plein de jugement des autres touristes. Et en état de choc !

Tant pis pour notre belle dernière journée à Paradis ! Tout à coup, on imagine la catastrophe si on avait accepté l'invitation à dîner de notre Eddy Barclay grec !

Dix minutes avant l'embarquement, Mylène décide d'acheter un ultime souvenir au kiosque à journaux. Alors qu'on passe le dernier barrage de sécurité avant d'entrer dans l'avion, je me retourne et croise le regard de mon amie, paniquée. Je la vois fouiller compulsivement dans son sac et négocier avec l'hôtesse. Elle arrive finalement à passer et me dit de me mettre vite à ma place sans poser de question.

La carte d'identité de Mylène est introuvable.

Le cauchemar. J'ai approximativement trois minutes avant le décollage pour vérifier sur Google si la douane est renforcée à notre arrivée en France depuis la Grèce. Jackpot de l'horreur : c'est le cas. Mylène ne va pas pouvoir passer la douane une fois arrivée sur le tarmac parisien. On rit jaune en l'imaginant déjà devoir refaire sa vie sur l'île grecque, à défaut de pouvoir rentrer. Est-ce que l'hôtel où nous séjournions recrute ?

Une fois l'adrénaline de ces quelques heures de course intense redescendue, on finit par s'endormir, épuisées. Un peu plus tard, une envie pressante me réveille, je pousse légèrement Mylène qui ronchonne pour me diriger vers les toilettes de l'avion... Ce jour-là, je porte ma combinaison verte préférée : hyper-pratique, elle s'enfile d'un coup, pas même besoin d'un soutien-gorge, idéal en voyage.

J'ouvre la porte des toilettes, encore somnolente, défais le haut de ma combinaison et m'accroupis lorsque la porte s'ouvre entièrement sur un monsieur qui reste planté là – sous le choc – avant de refermer en paniquant et en s'excusant ! J'ai donc visiblement oublié de verrouiller le loquet. Ma foutue combi aux chevilles, je suis... nue. *Oh nan.*

Je reviens à ma place, morte de honte, et aperçois l'inconnu : non seulement il est français, mais en plus, il est assis juste derrière mon siège... Hôtesse, quand est-ce qu'on atterrit, s'il vous plaît ?

Lorsque le pilote annonce que l'atterrissage est proche, Mylène fouille à nouveau dans son sac et retrouve, comme par magie, sa carte d'identité.

Morale de l'histoire :
deux vérifications valent mieux qu'une.

LE TAXI SUSPECT AU BRÉSIL

Lorsque ma copine Isabelle, hôtesse de l'air, me propose de l'accompagner au Brésil, je saute sur l'occasion ! Le RÊVE.

Après quelques jours magiques à Rio, on décide de passer notre fin de semaine à Parati. Une sublime petite ville balnéaire à deux heures en autobus de la capitale. Là-bas, malgré un sentiment de sécurité, les crimes sont légion. On nous a bien mises en garde contre les faux taxis qui enlèvent les touristes occidentaux en échange d'une rançon. Bonne ambiance.

Lorsque nous arrivons sur place, au seul guichet ouvert à la gare, on aperçoit des hommes attroupés devant un écran de télé... à regarder le foot. Autour de nous, tous les locaux sont partis... il ne reste qu'un seul taxi qui attend. Laissez-moi vous le dire tout de suite : il a l'air louche.

Son enseigne est simplement collée sur le haut de sa voiture, et semble clairement fausse. À l'intérieur, il n'a aucun appareil professionnel relié à son tableau de bord. Pire encore : le conducteur a les yeux rouges et injectés de sang. On recule, prenant peur, et on fait à nouveau le tour de la gare, à la recherche d'une autre option. Le guichet s'est éteint, il n'y a plus personne... Nous sommes coincées.

Une minute après être entrées dans la voiture, nous voyons notre conducteur faire un appel de phares à un véhicule garé sur une route perpendiculaire. Une petite route qui croise notre chemin sur le bas-côté. La voiture nous dépasse, notre chauffeur part en trombe en la suivant... et ferme à clé les portes arrière.

Je me retourne en un quart de seconde vers Isabelle. Je peux voir la peur au fond de ses yeux. On comprend tout de suite qu'on vient probablement d'être kidnappées… j'entends ma respiration tellement j'ai peur. Je dis à Isabelle qu'au prochain carrefour animé, on tente de sortir de cette voiture, coûte que coûte.

Tant pis pour nos valises dans le coffre. Attendez… nos passeports !! Quand on voyage en avion, on les a forcément avec soi, mais pour ce trajet en bus, on les a sagement rangés à l'intérieur de la valise avant le départ, par mesure de sécurité… Super.

La mouise, la vraie et puissance mille. Je réfléchis très froidement en me disant qu'on y est, voici venu le moment tant redouté. Je sens mon cœur battre si fort et mon esprit accepter son sort. Tout d'un coup, on sort de la route déserte et noire sur laquelle on s'était embarqués en sortant de la gare, pour entrer dans la vieille ville et s'approcher à grands pas d'une petite place animée. J'ordonne au chauffeur de nous laisser à cet endroit, avec nos valises. Contre toute attente, ça marche ! Mieux, il s'inquiète de notre… sécurité ? Mince, on s'est complètement trompées !

Tous les signaux qui nous semblaient être d'horribles *red flags* étaient en réalité des mesures de protection sur un chemin franchement pas rassurant. Oh, la honte, la honte. Pour la peine, on remercie chaleureusement le chauffeur tout en se demandant bien comment on va réussir à atteindre la maison de notre hôte Airbnb maintenant.

Vous croyez en l'intuition ?

Nous nous approchons du petit restaurant en demandant si quelqu'un connaît notre hôte Airbnb. Inconnu au bataillon. Loupé. Je me retourne vers le square qui lui fait face et dis à Isabelle : « Bouge pas, je vais demander aux deux jeunes, là-bas. »

L'un des deux me répond en souriant : « Oui ! C'est ma mère ! »

Cinq minutes plus tard, nous arrivons à destination dans une maison incroyable, tout en bois, avec une vue imprenable sur l'océan...

Morale de l'histoire :
ayez confiance en votre instinct, évitez les bus de nuit.

LA CROISIÈRE DE L'ANGOISSE

Vous connaissez *La Croisière s'amuse* ? Bien. Maintenant, imaginez-vous l'exact opposé et vous aurez une idée de mes premières vacances sur l'eau ! Je n'étais jamais réellement montée sur un bateau avant, peut-être une fois ou deux le temps d'un apéro mais ça s'arrête à peu près là. Mon oncle est quant à lui un vrai navigateur. Dans la famille, on sait tous qu'il a fait la moitié du tour du monde à l'envers et que « ce n'est pas rien » à bord d'un voilier. Lorsqu'il apprend qu'il va pouvoir ramener le bateau d'un copain depuis la France jusqu'au Portugal en traversant le golfe de Gascogne, il nous invite, ma mère, moi, et mon yorkshire, à les rejoindre.

Le rêve.

Immédiatement, on imagine : une semaine de vacances à bronzer en maillot à l'avant du bateau, à s'arrêter toutes les nuits pour dormir paisiblement dans des petits ports de pêche, à voir des baleines et des dauphins la journée... C'est l'aventure, mais tout confort ! Il faut dire que le bateau fait 15 mètres, est étudié pour être confortable en tant qu'habitacle de plaisance : trois grandes cabines avec des lits *queen size*, un hôtel de luxe flottant (OK, j'exagère).

Nous arrivons sur place après une bonne journée de route, et c'est la désillusion. Adieu nos dîners et nos nuits de port en port... L'ami de mon oncle veut rentrer vite. La grand-voile est hissée, pas le temps de traîner. Avant de monter sur le pont, on remarque un sacré détail : un vent à décorner un bœuf.

« C'est normal, il y a eu un ouragan voici quelques jours ! » nous souffle Patrick, mon oncle. Une fin d'ouragan en plein golfe de Gascogne... ça sent pas bon.

Dès la sortie du port, c'est l'angoisse totale. La houle est tellement violente qu'on est tous obligés de s'attacher pour ne pas passer par-dessus bord ! Par moments, le bateau penche jusqu'à 45 degrés ! Je vois la mer, et surtout, je vois ma propre mort. Parce qu'en bonne terrienne amoureuse de la randonnée, je passe mes deux premières journées à prier tous les saints, à jurer les mille diables et à vomir mes tripes.

Quand vient la première nuit, on comprend que le séjour ne va pas être de tout repos. Non seulement ma mère va devoir faire son quart de nuit (comprenez prendre la barre, seule dans l'obscurité, alors que les autres dorment), mais lorsque nous sommes toutes les deux dans le lit, nous nous percutons violemment.

Le bateau tangue si fort d'un côté, puis de l'autre, que je tombe littéralement sur ma mère, quand ce n'est pas ma mère qui tombe sur moi. On se fait des bleus, on tente de s'accrocher à un côté de toutes nos forces, on roule à l'autre bout de la cabine contre le mur : c'est l'apocalypse sponsorisée Donormyl. On dort peut-être une heure. On jure qu'on ne nous y reprendra pas le reste du temps.

Mon yorkshire, lui, vit sa meilleure vie ! C'est le seul qui ait le pied marin : allez savoir.

Le troisième jour, je réussis à sortir de ma torpeur et à monter sur le pont. Le temps est gris et la houle, si forte que chaque vague fait la taille d'un petit immeuble : c'est absolument terrifiant. Vous voyez à tour de rôle soit le ciel, soit le vide, avec cette impression d'être en chute libre, mais sans corde !

Et les baleines, dans tout ça ? Eh bien, elles se cachent tout au fond de l'océan, probablement avec les dauphins ! Avec un temps pareil, tu m'étonnes !

Le quatrième jour, le moteur commence à manquer d'électricité pour continuer à alimenter le moteur du bateau. Le frigo s'éteint pour laisser toute l'énergie à la direction. Nous n'avons toujours pas pu changer nos vêtements tant la houle est violente, encore moins prendre une douche. Nos bikinis toujours pliés au fond de nos valises se rient de nous. Ma mère tente de me faire un café et vole deux mètres plus loin, l'eau du réservoir s'est répandue partout dans la cabine. La moindre activité du quotidien est devenue impossible.

Le cinquième jour, je ne supporte tellement plus cette situation que je refuse de sortir sur le pont. J'essaye de lire un roman fantastique – l'incroyable *À la croisée des mondes* – pour sortir, du moins psychologiquement, de ce cauchemar en huis clos. Entre-temps, la nourriture stockée dans le frigo a tourné, faute d'électricité. Au dîner, on mange un quignon de pain et un bout de comté. Les hommes ont droit à un quart de soupe en plus, j'ai des fusils à la place des pupilles.

Quand le cinquième et dernier jour arrive, je prie le ciel en posant un pied à terre. Sauf que… ça tangue ! Personne ne m'avait prévenue que l'oreille interne serait aussi chamboulée et mettrait des jours (trois, pour être précise) à se réguler. Je n'ai pas vu un seul *pastel de nata* tant désiré.

Morale de l'histoire :
mon yorkshire a plus le pied marin que moi.

VOMITO AU LABO

Nous sommes en 2004, j'ai treize ans et des difficultés à me faire des amis en classe. Je suis un peu *weirdo*, j'ai un humour d'adulte et des émotions d'enfant. Ce jour-là pourtant, en classe de physique-chimie, je rigole avec trois ou quatre de mes camarades. Je me fous une sacrée pression. « C'est ton moment ! L'occasion de redresser la barre, de recréer du lien ! » Je réagis à leurs blagues et ça fonctionne, on m'inclut dans la conversation. Le kif total.

Notre professeur est un – *ahum* – original. Il a toujours une petite phrase bien à lui à la fin d'une session de cours pratique : « Et c'est potable », nous dit-il, ce qui nous rend à chaque fois perplexes quand on observe la tête du machin que l'on vient de créer à partir de molécules.

Ce jour-là, je ne sais pas qui lance l'idée, mais après avoir entendu une énième fois notre professeur lancer à la volée sa phrase préférée, l'un de nous émet l'idée : *on va le boire ce mélange* !

Le truc est bleu et visqueux mais j'ai treize ans, et je ne vois pas comment ça pourrait mal se passer ! Je ne suis pas du genre à me dégonfler, en plus de ça, j'ai alors beau faire un mètre trente, ma fierté, elle, a déjà sa taille adulte.

3… 2… 1 : on engloutit tous les quatre notre mixture. Le goût est absolument effroyable. « Ça n'a pas du tout le goût de quelque chose de potable ! » dis-je, affolée, à notre professeur Tournesol.

Dix minutes plus tard, alors que tout le monde s'est déplacé de l'espace « labo » à sa place devant le tableau noir, je décide de me mettre tout au fond, au dernier rang de cette classe tout en longueur. Le goût ne passe toujours pas. Pire, mon estomac m'en veut.

Tout d'un coup, sans crier gare, je lâche le rot de vomi le plus bruyant de la terre !

Le professeur se fige, tout le monde se retourne dans ma direction, le silence est pesant. Ces secondes sont littéralement interminables. Avec un instinct de survie aujourd'hui discutable, je me dis qu'il faut que je trouve une solution, et vite.

Et je décide de faire semblant de… m'évanouir.

En tombant de ma chaise, le plus dramatiquement possible évidemment, j'espère secrètement qu'on oubliera mon rot de l'horreur – mieux, qu'on l'excusera – en pensant que j'ai probablement un problème plus grave ! Allongée au pied de ma chaise en attendant que le prof vienne à ma rescousse, j'entends ma voisine prononcer cette phrase lapidaire : « Ça se voit bien que tu t'es évanouie pour de faux ! »

Dans les bras du professeur, feignant la chute de tension, je demande que l'on m'apporte un verre d'eau… Le tout, c'est évidemment de rester dans mon rôle le plus longtemps possible. Je suis amenée par une camarade à l'infirmerie, ma mémoire s'arrête à cette image-là. Heureusement pour moi, et malgré le sens de l'observation de ma camarade, personne n'a osé me rappeler ce moment de honte, craignant de se moquer de quelqu'un de mal en point.

Et vous… qu'auriez-vous fait ?

Morale de l'histoire :
les boissons détox, c'est bien, mais pas à n'importe quel prix.

LA NUIT DES SIX LUNES

Je suis en seconde, en internat à Chavagnes. Un collège-lycée qui date du XVIe siècle et qui fait froid dans le dos avec son architecture grégorienne. À notre étage, une rangée de box, des pièces de cinq mètres carrés qui comportent un petit lit, une armoire et un lavabo. Les cloisons ne vont pas jusqu'en haut et se ferment par un rideau. Pour la proximité avec les copines, c'est vraiment chouette. Pour l'intimité… on repassera.

La pièce d'à côté est une immense salle dite « de repos » : il y a un micro-ondes, des tables, des chaises et surtout une chaîne hi-fi pour danser sur les musiques du moment.

Ce soir-là, après le dîner et avant l'extinction des feux, je propose à tout le groupe de faire une séance de méditation. J'ai regardé un super reportage quelque temps plus tôt sur *Zone interdite* à ce propos… Je trouve ça *gé-nial*.

Mes camarades sont toutes allongées en cercle, certaines sont en sixième, d'autres en quatrième ou en seconde, comme nous. On doit être une douzaine. Je parle d'une voix calme et posée en me déplaçant dans la pièce : « Vous êtes allongée sur le sable. Vous entendez la mer au loin. Le soleil tape sur votre peau. »

Le silence est absolu, j'ai éteint la lumière pour nous mettre dans l'ambiance. Maintenant que j'y repense, j'avais tout d'une leadeuse de secte !

Lorsque quelque chose attire mon regard à travers la fenêtre… La lune. Il y en a six.

J'appelle ma copine Caroline : « Viens voir, il y a un truc bizarre ! » Elle déboule, regarde comme moi partout dans le ciel sans percevoir la « vraie lune », seulement ce cercle de... six lunes. Croyez-moi, l'effet de groupe n'est pas un mythe...

Les filles commencent à chuchoter, à se demander pourquoi j'ai interrompu la séance, deux ou trois accourent à la fenêtre et regardent le spectacle, paniquées. Par un effet d'entraînement, je commence à prendre peur, et je mets le feu aux poudres : tout le monde commence à hurler. On est terrifiées, dos au mur, certaines que notre dernière heure est proche.

Caroline, en bonne cheffe des armées, décide d'aller voir d'un pas assuré notre surveillante. Moi, courageuse mais pas téméraire, je ramène les petites à l'abri dans le dortoir. Deux sont en pleurs. C'est l'apocalypse dans le ciel, et dans les box.

Arrivée devant notre surveillante qui ressemble à une armoire à glace (du moins, c'est le souvenir que j'en ai...), Caroline se décompose. Elle est en train de s'engueuler au téléphone et lui crie de s'expliquer tout de suite sur les raisons de sa venue.

– On... on... il y a quelque chose de grave.

– Ce sont les projecteurs du Pathé-Gaumont dont tu parles, là ? lui répond-elle d'un ton lapidaire.

Morale de l'histoire :
ne sous-estimez jamais l'effet « mouton de panurge » !

DÎNER CHEZ TANTE JEANNETTE

Ma mère se fait un plaisir, chaque année, de me raconter cette histoire comme s'il s'agissait d'un conte des Frères Grimm.

La famille a l'habitude de passer le réveillon de Noël chez Tante Jeannette, c'est une vraie tradition. Chaque année, cette dernière réalise sa bûche à la crème au beurre maison, chaque année, ma famille fait semblant de se délecter alors qu'elle a en réalité un goût infâme.

« Et voici la fameuse bûche que vous adorez tous ! » lance Tante Jeannette, toute fière de sa préparation. « Oh », « Ah », fait l'assemblée, connaissant par cœur le rôle à tenir jusqu'à l'heure du digestif. Alors qu'elle s'apprête à couper son œuvre d'art à la crème et au beurre lui vient l'idée de monter dans le grenier chercher un détail dont je ne saurais me rappeler.

Chacun contemple ce *Kloug* en silence, mi-amusé mi-consterné.

Lorsque tout à coup, un immense bruit retentit : le plâtre de la moitié du plafond est tombé sur l'immense table. On voit apparaître juste une jambe qui gigote à la place du chandelier ! Tante Jeannette !

Les hommes partent en trombe secourir la pauvre tante qui vient de traverser le mur, ils la trouvent bloquée... mais hilare, pestant contre son bas filé. La bûche quant à elle, est ensevelie sous un tas de gravats, quel dommage !

Morale de l'histoire :
cuisinez avec amour... mais pensez à l'option Picard.

UN HAMSTER POUR NOËL

Disclaimer : dans la famille, nous sommes tous des Brigitte Bardot dans l'âme (à propos du bien-être animal hein, pas côté opinions politiques).

24 décembre, le soir du réveillon. Mon père est arrivé un peu plus tôt dans la journée, juste à temps pour qu'on puisse fêter Noël tous les trois. Cette année, c'est différent, il y a un nouveau membre dans la famille : mon hamster russe ! Gris et blanc, tout dodu, il est adorable. Ce petit rongeur, j'en rêve depuis un sacré bout de temps, ma mère a fini par céder et me voici tout heureuse de la présence de ce nouveau compagnon.

Je tire la manche de mon père, voulant absolument le lui présenter. « Regarde, il arrive à grimper à l'envers ! » On s'extasie tous les deux face à la cage. Il se retourne vers ma mère qui vient de se joindre à nous. « Franchement, pauvre bête. Toute la journée dans une cage, ce n'est pas une vie... Pourquoi vous ne le laissez pas un peu en liberté ? »

C'est vrai ça. Bien sûr, je le sors souvent pour jouer, mais je n'ai jamais eu l'idée de le laisser vaquer à ses occupations tout un après-midi dans une pièce fermée. On s'assied tous les trois dans le salon, en tailleur, presque religieusement. Et j'ouvre la cage du hamster.

La scène est adorable, le petit rongeur passe sous ma jambe, entre dans un chausson égaré près du canapé, passe sous la table basse... Pourquoi on n'y avait pas pensé plus tôt ?!

C'est justement l'objet de notre conversation. Mais le temps d'échanger trois ou quatre phrases, le hamster est introuvable.

On regarde partout autour de nous, plus de hamster. Mon père, en s'appuyant sur ses bras, lève les fesses, histoire de voir si le hamster ne serait pas passé derrière lui, ne le voit pas, se rassied brusquement et hurle : « MEEEERDE !! »

Il se relève d'un bond. Pourtant, le mal est fait. J'écarquille les yeux en découvrant mon pauvre petit dodu allongé sur le côté, qui ne bouge plus… du tout. Je hurle : « Papaaa !! » avant de courir pleurer dans ma chambre. Mes parents se regardent, const-er-nés. Noël est gâché. La dernière vision de ce monde qu'a eue ce hamster, ce sont les fesses de mon père.

Vous vous en doutez, lui qui ne ferait pas de mal à une mouche (qui refuse même d'écraser une araignée) est blême, ma mère se retient de dire tout fort ce que tout le monde penserait tout bas : « Je te l'avais bien dit. »

Morale de l'histoire :
regardez autour de vous… mais occupez-vous
de vos fesses.

LE TÉLÉPHONE PLEURE

Durant mon premier été en tant que free-lance, je me mets une pression monstre, j'ai quitté mon CDI dans un magazine féminin pour une bonne raison : réussir à avoir une carrière dans le monde du podcast, et vivre de mon travail audio. Je bosse d'arrache-pied pour trouver les invités de « La Leçon ». J'envoie des dizaines et des dizaines de messages sur Instagram. Ce jour-là, j'ai envie de me pincer tellement cela me semble surréaliste : l'un des acteurs que j'admire le plus semble partant, je décroche tout du moins un rendez-vous téléphonique avec lui quelques jours plus tard.

Vendredi soir, 18 h 30. Mon ami Alexis débarque à l'appart pour l'apéro. Je lui raconte tout, à commencer par le fait que je vais devoir m'isoler quelques minutes sur le balcon pour passer mon coup de fil. J'ai peur de me sentir perturbée, je déteste tellement téléphoner lorsque je ne suis pas seule… « Aucun problème, me lance Alex. Promis, je ne t'écoute pas, je prends un bouquin, histoire de te laisser tranquille. »

Je sors sur le balcon, respire un bon coup, et espère secrètement tomber sur sa messagerie. J'entends un « Allô ? » circonspect dès la deuxième sonnerie. Merde, je ne m'étais pas préparée à ça.

« Bonjour, Pauline Grisoni, je vous appelle comme prévu au sujet de… » À l'autre bout du fil, j'entends un blanc qui me paraît durer une éternité, suivi d'un : « Eh bien ? Je vous écoute ? »

Peut-être est-ce dû au fait que je me sente observée par Alex, au ton de la voix de mon interlocuteur, on ne le saura jamais.

En tout cas, ce que l'on sait, c'est que j'ai répondu n'importe quoi. Moi qui suis bien rodée à pitcher mon concept, je sors des phrases telles que : « Ce sont des gens qui parlent d'échecs, parce que c'est bien les échecs. » Devenant de plus en plus rouge en comprenant que mon discours est catastrophique, je m'enfonce dans une diarrhée verbale sans nom. Transpirante, racontant absolument n'importe quoi, j'empire évidemment la situation. À l'autre bout du fil, je sens mon interlocuteur poli mais dubitatif (évidemment). Je comprends que je n'ai plus qu'une chance – et une seule – de le faire changer d'avis.

Et là, le flash. La solution « boss de fin du game ». Ma copine Hélo m'avait dit quelque temps plus tôt qu'il soutenait beaucoup les jeunes qui avaient la niaque, l'envie d'y arriver. Je tente le tout pour le tout. Et ça donne à peu près ça : « Et puis vous savez, moi, je reste une enfant qui adore écouter les gens. Parler de. Les gens qui parlent. »

P.O.U.R.Q.U.O.I ?

Lorsque je rejoins Alexis, j'ai des flashs de ma honte durant tout l'apéro. Évidemment, ce coup de fil n'a pas connu de suite… Croyez-moi, je suis la première à trouver ça compréhensible.

Morale de l'histoire :
tout est la faute d'Alexis, non ? OK, non.

FAIRE TACHE AU DÉJEUNER DES CÉSARS

Durant ma dernière semaine chez Cosmopolitan.fr, je reçois le carton le plus incroyable de toute ma carrière : une invitation au déjeuner des Césars. L'invitation la plus improbable aussi : pourquoi moi ? Je mets ça sur le compte du fait que Le Fouquet's est détenu par un groupe hôtelier avec lequel je travaille régulièrement (en tant que cheffe de rubrique lifestyle). Mais tout de même, cela ne m'empêche pas de vérifier trois fois mon nom sur le carton, au cas où il y aurait une erreur.

Le jour J, je me suis préparée toute la matinée, j'arrive avec quinze minutes d'avance, la seule nana de l'histoire de Uber qui supplie un chauffeur d'y aller en ralentissant. J'ai le ventre serré d'arriver seule et de ne connaître personne sur place, mais l'occasion est trop belle pour que je me laisse submerger.

À l'entrée du Fouquet's, il y a un long tapis rouge et déjà de nombreux fans qui attendent, agglutinés.

Première incompréhension. Quand j'entre, les deux hôtesses me dirigent vers la salle de gauche : il y a des crépitements de flash, Virginie Efira au photocall et une jeune femme qui me demande dans quelle catégorie je suis nommée. Je pars en *moonwalk*, marche arrière toute, désorientée par les lumières ultrapuissantes. Retour à la case départ, j'explique aux deux hôtesses que je suis journaliste, invitée au déjeuner pour l'occasion, et que j'aimerais bien que l'on m'indique où se trouve ma table.

« C'est placement libre mademoiselle, installez-vous où vous le souhaitez », me dit-elle en me tendant une coupe de champagne.

Ça ne me va pas du tout, de ne pas avoir de place attribuée. Moi qui ne connais personne… Où vais-je bien pouvoir me mettre ? Je viens de voir Sandrine Kiberlain passer devant moi, elle rejoint Kad Merad, en grande conversation avec un petit groupe dont les têtes me disent vaguement quelque chose.

Je bois cul sec mon verre, ma potion de courage, et aperçois au loin une table qui semble vide, à l'exception de la journaliste Isabelle Morini-Bosc. Parfait, moi qui viens pour me faire de nouveaux contacts, je fonce. Je m'assieds à ses côtés, elle est plongée sur son téléphone mais se retourne gentiment pour me saluer. Je reste quelques minutes à regarder le bal des gens défiler, en me disant que je suis venue bien trop tôt pour quelqu'un qui n'a personne avec qui discuter. Je mange un bout de pain pour passer le temps, bois un peu d'eau et penche vers le centre de la table où trône un très beau « TABLE RÉSERVÉE ».

MERDE.

Je me relève discrètement, drapée dans ma dignité, et rase le mur jusqu'à trouver une nouvelle hôtesse. « Ah, mais toutes les tables ici sont réservées ! Dirigez-vous vers la véranda, où le placement est libre », me dit-elle… en me tendant une deuxième coupe de champagne.

Dans la véranda, il n'y a pas grand monde, et le peu de monde qu'il y a se trouve en grande discussion. Gênant.

Je me tiens contre le mur, avec ma coupe, à lancer des sourires à ceux qui veulent bien croiser mon regard. La technique finit par fonctionner, un jeune homme se retourne vers moi et se présente. Il fait partie de l'équipe du documentaire *Ni juge ni soumise* de *Striptease*, mon émission préférée de tous les temps.

Sympathique, celui-ci se tourne vers le créateur de l'émission et nous nous mettons à discuter tous les trois. Je bois leurs paroles et, par-dessus tout, ma peau est sauvée. Ces derniers me proposent de déjeuner à leur table : merveilleux !

Après dix minutes de discussion sur leur documentaire, après avoir englouti un deuxième petit pain, pour faire rire ma petite audience, je raconte dans le menu détail ma déconvenue. Comment je me suis retrouvée à la mauvaise table, à quel point je me suis sentie bête et comme je me sens chanceuse d'avoir été invitée à la leur. Alors que nous rions de bon cœur, je sens une main me taper sur l'épaule. Je me retourne, tout sourire, et aperçois une jeune femme à l'air embêté.

– Pauline Grisoni ?

– Oui, bonjour ?

– Je suis un peu gênée, mais vous ne devriez pas être ici... Rejoignez-nous à la table des journalistes si vous le voulez bien, me dit-elle.

J'essaye de me relever en me drapant à nouveau dans ma dignité, mais à ce stade-là de l'histoire, il ne me reste qu'une guenille. Je salue l'équipe avec un sourire et file à l'autre table.

On rit beaucoup, on boit à nouveau pas mal et l'entrée arrive. Des betteraves concoctées par Pierre Gagnaire *himself*. Elles sont fabuleuses...

« Goûte les betteraves ! » dis-je à ma voisine de droite.

Alors que je m'apprête à avaler ma dernière bouchée, je fais une fausse manip et éclabousse tout le haut de ma robe de betterave. Ma robe est... beige.

Alors qu'on s'apprête à goûter le vin rouge, voilà Kad Merad qui salue les convives, table après table. Cette année, c'est lui, le président de la cérémonie. Mes voisines de table me poussent à lui toucher un mot de « La Leçon », l'occasion est trop belle pour rater ça... et puis je suis fan de cet acteur. Alors qu'il s'approche de nous, je sens le vin me monter légèrement à la tête, je récite intérieurement mon petit discours et... il passe sous mes yeux à la table suivante. Oh non !

Chauffée à bloc par mes comparses, je lance : « KAAAD ». Celui-ci se retourne et cherche du regard qui a bien pu l'appeler, il se dirige vers moi. Je me présente et commence par ma phrase d'accroche :

– Je suis créatrice de « La Leçon », un podcast qui fait parler des personnalités à propos de...

– Hop, trop long ! me lance l'acteur.

Je me fige, complètement déroutée et pas bien certaine de ce qui vient de se passer.

– Je plaisante, allez-y mais faites vite.

L'acteur me donne le nom de son agent avant de se retourner, et là, comme pour marquer le coup et être certaine qu'il se rappelle bien de moi, je lui hurle :

– Pauline Gri-so-ni, JE SUIS CORSE !

À nouveau, la question est... P.O.U.R.Q.U.O.I ?

Je n'ai toujours pas la réponse aujourd'hui, mais on en rit encore à gorge déployée.

Morale de l'histoire :
portez une petite robe noire et reposez
cette coupe de champagne.